ÇA S'EST FAIT COMME ÇA

GÉRARD DEPARDIEU

avec la collaboration de Lionel Duroy

Ça s'est fait
comme ça

XO ÉDITIONS

Pages 73 et 75 : *Mon rêve avait raison* de Jean-Laurent Cochet
© Pygmalion, département de Flammarion, 2003.

Pages 100, 102, 103-104 et 171 : *Les gens déraisonnables sont
en voie de disparition* [titre original : *Die Unverünftigen sterben aus*]
de Peter Handke.
Traduction de l'allemand par Georges-Arthur Goldschmidt
© L'Arche Éditeur, Paris, 1978.

Pages 100 et 187-188 : *Par les villages* [titre original : *Über die Dörfer*]
de Peter Handke.
Traduction de l'allemand par Georges-Arthur Goldschmidt
© Éditions Gallimard, Paris, 2005.

Orly

Ma grand-mère habitait en bout de piste à Orly, elle était dame pipi à Orly où je passais mes vacances quand j'étais gamin. Dans les chiottes d'Orly – j'adorais ça : « Départ à destination de Rio de Janeiro... » Putain, ils s'en vont à Rio ! Et je courais voir. J'allais aussi regarder ceux qui revenaient. « Arrivée en provenance de... » Je voyais toutes les villes du monde défiler : Saigon, Addis-Abeba, Buenos Aires... Moi, j'étais dans les chiottes. Elle, elle nettoyait les chiottes, elle travaillait pour une boîte qui s'appelait L'Alsacienne. Ma grand-mère se rasait, j'étais toujours fasciné. Elle avait un Gillette double lame et elle se rasait. Quand je l'embrassais, je lui disais :

— Tu piques encore, Mémé !

— Je me raserai demain, t'en fais pas...

Dame pipi, la mère de mon père. J'ai longtemps voyagé depuis les chiottes d'Orly d'où j'entendais des noms, des destinations qui me faisaient rêver. Depuis les chiottes, je me disais : « Un jour j'irai ! Un jour j'irai là-bas, moi aussi, et un jour je reviendrai, un jour, un jour... » C'était ça, ma vie. Plus tard, quand j'étais en apprentissage à l'imprimerie, le bruit de la machine dans ma tête... Le bruit de la machine m'emmenait dans des espèces de musiques, de tourbillons, et je me disais : « Putain, j'aimerais bien... ça doit être beau... ce que j'aimerais, tu vois, c'est avoir une maison avec des odeurs de pin, des épines de pin qui te piquent les pieds quand tu marches dessus. Là-bas, j'emmènerais toute ma famille... et moi je partirais à la découverte d'autres choses... » Je rêvais, je partais tout seul dans ma tête. Toujours, tout le temps. Jusqu'au jour où je me suis vraiment barré, mais sans violence. Je ne suis pas parti parce que mon père, le Dédé, était insupportable, ou parce que ma mère, la Lilette, pareil, non, non, je suis parti parce que j'étais libre. J'avais été aimé pour être libre et pour aller là où je devais aller. Je n'ai jamais été ni jugé par mes parents, ni tenu, ni rien du tout. J'ai toujours été libre.

Les aiguilles à tricoter

J'ai survécu à toutes les violences que ma pauvre mère s'est infligées avec ses aiguilles à tricoter, ses queues de cerises, ses machins... Ce troisième enfant qu'elle ne voulait pas, c'était moi, Gérard. J'ai survécu. Elle m'a raconté tout ça, la Lilette. « Dire qu'on a failli te tuer, toi ! » En me frottant la tête. Avec amour, hein. Avec amour. « Dire qu'on a failli te tuer ! » Même si je n'ai pas été désiré, j'ai été caressé. Une fois que j'étais là, ils ne pouvaient plus me tuer – ils m'ont aimé. Mais aimé à leur façon, à leur manière, sans occulter ni les chagrins, ni les peurs, ni la honte.

Une fois que les contractions sont venues et que je suis sorti, il n'y avait plus de rancune, c'était le destin qui s'accomplissait, voilà, aussi bien le sien que le mien.

Le travail de charcutage des aiguilles à tricoter, à partir du moment où c'est pris à la rigolade...

«Oh là là, elle disait tout le temps, et dire qu'il ne devait pas naître celui-ci ! Mais il est mignon, heureusement qu'il est venu !»

J'entendais ça à deux ou trois ans.

Chez nous

Le Dédé, il cuisinait du « mou », du poumon, c'est ça qu'on donne aux chiens ou aux pauvres. Il faisait du « mou ». C'était spongieux et ça devenait sec à la cuisson. C'était comme du civet, une odeur extraordinaire. Depuis la rue je la sentais, je courais jusqu'à la cuisine. Je disais : « C'est quoi ? C'est quoi ? » Il ne répondait pas. Alors j'insistais, je disais : « Ça a l'air bon, je peux goûter ? — Moi je travaille, toi tu manges », il grognait. Et puis après un moment : « Tiens ! Mange, mange... Où qu'c'est qu'elle est ta mère ? »

On habitait devant l'école, le quartier de l'Omelon, à Châteauroux. Une baraque où ça puait le pauvre. Parce que nous, on ne se lavait pas, on ne se lavait qu'une fois par semaine. Et putain ça puait ! Et le Dédé, qui rentrait souvent bourré, il s'étalait la gueule devant l'école certains jours.

Je suis né là, le long des murs. Le long des murs de la rue du Maréchal-Joffre, quartier de l'Omelon, à Châteauroux. On vivait dans deux petites pièces, on était les uns sur les autres, j'étais bien mieux dehors à faire ce que je voulais. C'était une enfance formidable.

Jamais je ne mangeais avec mes parents. Je n'ai jamais mangé non plus avec mes frères et sœurs. Ma mère ne nous réunissait pas à table. Nous, les gamins, on ne se disait pas bonjour – chez nous, personne ne disait bonjour à personne. Pas de repas en famille, pas de bonjour non plus. Chez nous, c'était comme ça. La vie, elle était là, tu l'apprenais en la regardant, pas de mots, jamais. Il y avait le moule de la mère, toujours enceinte, qui tapait sur son ventre. Il y avait le moule du Dédé qui rentrait ivre mort et qui vomissait dans la cuvette verte s'il ne vomissait pas dans la rue. Tu voyais le vomi. D'autres fois, aussi, il y avait des coups, des cris, des poignées de cheveux... et moi qui courais dans l'escalier pour défendre la Lilette.

Les autres, mes frères et sœurs, Alain, Hélène, Catherine, Éric, Franck, ils ont vécu les mêmes choses, et pourtant, devenus adultes, ils n'ont pas eu la même vie que la mienne. Ils sont restés dans le moule. Pourquoi ? Je me le demande bien. Ils ont vécu les mêmes choses, oui, mais eux, c'est vrai, ils n'ont pas eu les aiguilles à tricoter. Ça ne veut pas

12

dire que ça fait de moi quelqu'un de malheureux, non, pas du tout, mais ça fait de moi quelqu'un qui est à l'affût de la vie.

Le Dédé

Le Dédé – René Depardieu, mon père – est né en 1923 à Montchevrier, un village berrichon de quatre cents habitants. Enfant unique de Marcel Depardieu, rentré cinq ans plus tôt à demi mort de la guerre de 14-18, et de la belle Émilienne Foulatier, qui finira dame pipi à Orly.

Marcel meurt en 1931 des suites de ses blessures et des gaz, abandonnant à leur sort Émilienne et le petit Dédé, alors âgé de seulement huit ans.

Dédé a-t-il fréquenté un peu l'école ? En tout cas, il n'a jamais su lire ni écrire, à l'exception des deux seules grosses lettres dont il signait : « D.D. » Il n'a jamais non plus trop su parler, c'était une forme de grognement qui ne débouchait jamais sur aucune phrase : « Mouif ! C'que... Oufff... Oh là... Bah alors... »

À onze ans, il est cordonnier, il répare et il fabrique des souliers avec des semelles qu'il découpe dans des pneus qu'il récupère à la décharge. Quand il n'est pas à son atelier, il est aux champs avec sa mère.

Plus tard, il apprendra le métier de tôlier-formeur et prétendra, à coups d'onomatopées poétiques, que la tôle est bien plus tendre à la pleine lune que le jour. Il m'arrivera de le surprendre au milieu de la nuit en train de caresser les belles courbes d'une tôle.

Dédé a pris les traits d'Émilienne, il est grand, beau, élancé, l'œil vif et rieur en dépit de son mutisme. «Le Dédé, me dira plus tard Jean Carmet qui l'aimait tendrement, c'est un prince!»

Son pays, le Berry, ressemble alors au Kazakhstan d'aujourd'hui où des villages entiers continuent d'ignorer le russe et la Russie et de parler leur propre langue. Le Berry a peu évolué depuis le Moyen Âge; c'est encore une région de serfs dans les années 1930, un trou noir au milieu de la France conquérante et belliqueuse de l'entre-deux-guerres. On vit à la cuisine sous les poutres noircies par la suie, chauffés par l'étable, sur la terre battue, dans l'odeur des bêtes et de la soupe. C'est d'un tel pays, attardé et imprégné de croyances, où l'on pratique encore la sorcellerie, que sort le Dédé lorsqu'il croise pour la première fois le beau regard sombre d'Alice Marillier, qu'il surnommera bientôt «Lilette».

La Lilette

Un peu plus et ces deux-là se rataient. Pendant la débâcle, le Dédé se retrouve dans un camp de réfugiés en Suisse, bien loin de son Berry natal, tandis que les Marillier, qui arrivent du Jura, atterrissent à Châteauroux, en plein Berry. « Atterrissent » est le bon mot puisque le père d'Alice, Xavier Marillier, est alors pilote dans l'armée française. En 1940, il est affecté à la base d'aviation de Châteauroux, La Martinerie, sur laquelle s'installeront dix ans plus tard les Américains, et il embarque avec lui sa femme Suzanne et leur fille Alice.

La future Lilette a dix-sept ans, elle est née en 1923, comme le Dédé, mais elle sort d'une famille bien plus instruite et raffinée que la sienne. Les grands-parents Marillier possèdent une fabrique de pipes à Saint-Claude, et Suzanne, la mère, a appris la taille des pierres précieuses.

Nous sommes dans la pipe et le diamant, c'est un peu plus chic que la chaussure et la tôle.

Le Dédé rentre de Suisse en pleine Occupation, et là, à Châteauroux, il croise la Lilette. Dieu sait comment il parvient à la séduire. Mais leur amour est instantané, magnifique, puisque jamais plus ils ne se lâcheront la main et qu'ils mourront quarante-cinq ans plus tard à quelques semaines d'intervalle l'un de l'autre. Lui n'a jamais eu les mots pour dire quoi que ce soit, mais c'est un affectueux, un tendre, un silencieux poète, et sans doute Alice devine-t-elle tout cela. Je crois que c'est elle qui parle pour les deux, que c'est elle qui trouve les images pour construire le rêve immense du Dédé – l'amour, la maison, les enfants... Et lui la regarde passionnément en disant oui à tout.

Ils ont à peine plus de vingt ans l'un et l'autre lorsqu'ils se marient, le 19 février 1944. Six mois plus tard, presque jour pour jour, le 20 août, la ville de Châteauroux est libérée et le Dédé et la Lilette dansent toute la nuit pour fêter tant et tant de bonheurs. Lilette est enceinte, ils n'ont sûrement jamais été aussi heureux.

J'ai volé les jambes de ma mère

L'image qui me vient, c'est celle d'une vache. Quand je pense à toi, ma Lilette, aussitôt je te vois en vache – tes mamelles gonflées, ton lait, ton ventre énorme, ton sang... Ton sang, je vais y revenir bientôt à ton sang.

Moi, je ne t'ai jamais connue comme le Dédé t'a connue en 1944, un coquelicot dans les cheveux, pleine de désir pour la vie, tes petits seins tendus, la taille souple et sensuelle, si gracieuse que les hommes se retournaient sur ton passage, paraît-il. Non, moi, je ne t'ai pratiquement connue que grosse, enceinte, traînant ton ventre et tes petits veaux derrière toi avec dans le regard cette résignation, ce fatalisme que l'on croise dans le doux regard des vaches laitières.

En 1945, tu mets au monde Alain, l'aîné. En 1947, c'est au tour d'Hélène. Vingt-quatre ans, déjà deux enfants, et le Dédé qui gagne à peine de quoi vous loger. C'est bien pourquoi tu ne veux pas du troisième. Tu le lui as dit et répété au Dédé, la nuit, pendant qu'il te caressait de ses belles mains d'ouvrier, tu le lui as dit que deux ça te suffisait largement, merci, mais le problème, c'est que le Dédé a terriblement besoin de t'exprimer combien il t'aime, combien tu es toute sa vie, de te dire qu'il n'était rien avant de te connaître, qu'il n'existe qu'à travers toi – or il n'a pas d'autres mots pour te le signifier que l'élan de son corps, son grand corps musclé qu'il jette contre le tien, te prenant et te reprenant, et à la fin de cette quête impossible ce long râle qui te fait entendre soudain son amour, sa gratitude.

En même temps qu'elle se découvre enceinte de moi, la Lilette découvre un secret qui lui glace le cœur : son père, Xavier Marillier, l'ancien pilote de la base de Châteauroux, est devenu l'amant d'Émilienne, la mère du Dédé. Sans crier gare, les deux vieux sont en train de leur saloper leur histoire d'amour. Le choc est si violent pour Lilette qu'elle songe aussitôt à s'enfuir, à quitter son René, tout son petit bonheur, pour tenter de trouver la paix ailleurs. Loin, le plus loin possible. Les deux vieux baisent comme de jeunes amants, à quelques pas de chez eux, et Lilette a le sentiment d'être volée de sa propre vie, dépouillée, niée, reniée.

Qu'en saura le Dédé ? Peut-être rien. Mais moi, ce que je devine, c'est que dans l'acharnement des aiguilles à tricoter est entré le désir désespéré de fuir. *Seigneur, faites que ce troisième enfant ne vienne jamais au monde et que je puisse partir, prendre mes jambes à mon cou !* C'est cela qu'elle se dit la Lilette tandis qu'elle s'efforce de détricoter son ventre, parce qu'elle sait qu'elle n'aura pas la force de supporter cette espèce d'inceste, cette baise contre nature : son père et sa belle-mère dans le même lit.

Je ne devais pas naître, et en naissant malgré tout j'ai volé les jambes de ma mère, je l'ai empêchée de partir, je l'ai condamnée à la résignation.

Catherine, Éric, Franck...

Il faut tout de même que je dise que pour moi, elle n'a pas été toujours qu'une vache, ma Lilette.

Nous avons eu quelques mois d'un bonheur insouciant que la suite n'a pas effacé de ma mémoire. J'ai cinq ou six ans, elle m'assoit à l'arrière de sa bicyclette, son panier devant, et nous partons ensemble aux provisions. Il fait beau, le vent est chaud, elle pédale sous le grand soleil du printemps, dans une robe légère, et je l'entends chantonner. J'ai conscience du plaisir qu'elle éprouve soudain à vivre et je suis un élément de ce plaisir, j'en suis sûr, puisqu'elle m'emmène, puisqu'elle s'assure que je suis bien assis, là, derrière, les mains accrochées sous sa selle, tantôt observant avec délice le balancement de ses hanches, tantôt sortant la tête pour sentir le vent soulever mes cheveux.

Elle n'a pas beaucoup plus de trente ans, elle a repris sa taille de jeune fille après ses trois grossesses, elle a le corps menu et tendu, de belles épaules, un joli port de tête, et ce regard sombre et entêté qui semble toujours discerner, par-dessus nos petits crânes d'enfants, une chose mystérieuse qui ne cesse jamais de la hanter. Elle est à la fois joyeuse et douloureuse, présente et ailleurs, et je me demande bien où puisque, à ce moment-là, je ne sais encore rien de ce qui la ronge.

Puis la voilà de nouveau enceinte. J'ai sept ans lorsque Catherine pointe son nez en 1955, et c'est moi qui la mets au monde. Le Dédé est sorti se bourrer la gueule et la sage-femme est bien contente de me trouver là. Je fais chauffer des bassines d'eau, j'apporte des serviettes, quand la dame crie à la Lilette de pousser fort, j'ajoute ma voix à la sienne : « Vas-y maman, pousse ! Pousse ! » Quand la petite tête apparaît, je fais comme dit la femme, je tire avec elle, je tire – « Tu peux y aller, c'est du caoutchouc, n'aie pas peur : tire ! Tire ! Et voilà, ça vient, regarde ça si elle est pas belle ta petite sœur ! » C'est encore moi qui coupe le cordon, et puis elle me la fourre dans les bras. « Pour la faire respirer, tu la bascules... Mais non, pas comme ça... Regarde-moi bien, comme ça tu sauras pour la prochaine fois. »

Et puis ensuite on a tout le liquide qui descend, du sang, beaucoup de sang, un autre truc jaunâtre, une espèce de peau – « Tout ça, on n'en a pas besoin, tu le récupères dans la bassine et tu vas le jeter dans les toilettes. Tu vois, c'est pas bien difficile, c'est comme pour les bêtes, pas plus compliqué...» Et quand je reviens des toilettes avec ma bassine vide : «Comme ça tu sauras pour la prochaine», elle répète.

En 1956, c'est encore moi qui sors Éric du ventre de la Lilette. Et de nouveau moi qui l'accouche de Franck l'année suivante. Mais cette fois, la Lilette nous fait une descente d'organes. Là, tu ne vas pas t'amuser à trier, hein, tu remets le tout bien à l'intérieur comme tu peux, tu mets une couche bien serrée et ça se remet en place petit à petit. C'est très bien fait, ça se remet en place.

Les gens sont choqués, ils me font tout un cinéma : comment un enfant de sept ou huit ans peut-il accoucher sa mère ? C'est de la sensiblerie. En réalité, tu ne te poses pas de questions, pas plus que quand tu égorges un mouton. Tu le fais. C'est très chiant un mouton à égorger, parce qu'il te regarde. Tu le pends par les pattes, il continue de te regarder. Le petit porc, c'est pareil, il a peur, il gueule, il faut lui parler, le calmer. Et au dernier moment : le couteau. Moi, ça ne me fait rien du tout. Ça ne veut pas dire pour autant que je suis insensible.

Sourire

Je ne suis pas allé longtemps à l'école parce qu'on m'a viré. Mes parents n'arrivaient pas à payer... Ils ne pouvaient rien payer. La communion, par exemple, ils ne pouvaient pas, alors les curés aussi m'ont viré. Même le baptême, ils n'avaient pas pu me le payer. Les professeurs et les curés se sont mis ensemble pour m'interdire, m'effacer. Moi, je ne savais pas que j'étais effacé, je l'ai compris plus tard. Ils m'ont toujours poussé dehors, les professeurs et les curés. Des gens qui n'étaient pas des merdeux, pourtant, des gens parfaitement normaux qui sont venus gentiment me saluer quand la ville de Châteauroux a fait de moi un citoyen d'honneur après *Le Dernier Métro*, de Truffaut, ou *Sous le soleil de Satan,* de Pialat, enfin je ne sais plus... Les gendarmes qui m'avaient foutu en taule pour un vol de voiture étaient également présents. D'ailleurs, les seuls qui ont été un peu des pères pour moi quand j'étais enfant, ce ne sont ni les professeurs ni les curés, mais les gendarmes. Je me suis toujours bien entendu avec les gendarmes et les flics. Ils étaient bienveillants, autoritaires mais bienveillants. Ils sont bien moins cons que ce qu'ils veulent laisser paraître.

J'ai quitté l'école parce qu'on m'a accusé d'un vol que je n'avais pas commis. J'étais le pauvre de la classe, le seul à ne pas pouvoir rester à l'étude – ça coûtait cinq francs et c'était beaucoup trop pour le Dédé. «Où qu'tu crois qu'j'vais trouver ça moua ? Sous mon soulier, p'tète ? » Ils ont profité de mon absence pour me mettre le vol sur le dos – forcément, un pauvre ! Un fils de pauvre ! La caisse du maître d'école pour son cadeau de fin d'année qui avait disparu. Et celui qui m'a accusé, c'est celui qui l'avait embarquée ! Ah, mon salaud !

À dix ans je suis dehors. Je regarde un peu entre les cuisses de la voisine, la Memmette, et je me branle, la main dans la poche. J'entre dans les cinémas sans payer. Je traîne dans les magasins devant les étalages, une main dans la poche en train de me branler, c'est bon, ça chatouille, et avec l'autre je ramasse ce qui me fait plaisir. Il faut bien manger. J'apprends à repérer le regard des mecs pas clairs, ce regard de curieux, de vicieux. J'apprends à sourire. Si tu ne souris pas, c'est que tu as peur, que tu es perdu – tu deviens une proie.

Jamais le Dédé ne s'inquiète de savoir où je suis, il n'arrive déjà pas à s'occuper de lui-même ; quant à la Lilette, elle n'a pas assez de ses deux mains et de ses deux mamelles pour élever ses trois petits veaux. Je passe ma première nuit blanche dans une fête foraine. Qu'est-ce qu'ils font les gens derrière les fenêtres éclairées ? C'est ça que je me demande. Qu'est-ce qu'ils peuvent bien faire tous, là, derrière les fenêtres ? Je les vois bouger, lever les bras, parler, tandis que moi je continue de me branler. Je n'ai pas besoin qu'on s'occupe de moi, je le fais très bien tout seul. Je ne suis pas malheureux.

J'apprends de mieux en mieux à sourire pour montrer aux autres comme je suis confiant, comme je n'ai pas peur. Quand des mecs avec des gueules à la Lino Ventura, des camionneurs, des forains, me proposent de me sucer la bite, je réponds pognon, je dis mon prix. J'ai dix ans mais j'en fais quinze. Des autres, jamais rien ne m'étonne. On dirait bien que la Lilette m'a vacciné contre la surprise avec sa petite phrase qui me reste plantée dans le cœur : « Dire qu'on a failli te tuer, toi ! » Si j'ai réussi à survivre aux aiguilles à tricoter de ma mère, de qui est-ce que je pourrais bien avoir peur ? De personne, et surtout pas de moi. J'ai une confiance absolue en moi, en mon destin. Cette confiance, elle est le fil tendu de ma vie sur lequel je m'avance sans trembler. Je me souviens de ma fascination pour le funambule, quand je l'ai vu se lancer dans la traversée de la place de la Cathédrale sur son câble tendu, vingt mètres au-dessus de nos têtes. Un samedi après-midi, à Châteauroux. Ce mec-là, c'était moi, ça serait moi plus tard, cette formidable foi en soi au-dessus de ceux qui tremblent. Et soudain, le type a commencé à douter, je l'ai ressenti dans mes propres jambes, le balancier qui se tenait parfaitement à l'horizontale a commencé à osciller, le doute et puis la peur se sont immiscés en l'homme, plus le balancier oscillait, plus il doutait, c'était foutu. Il a su qu'il allait mourir avant même de tomber, et quelques secondes plus tard nous l'avons vu s'écraser.

Je grandis dans la rue, bien plus qu'à l'école où j'ai tout juste appris à lire et à écrire. La rue ne te laisse rien passer, tu dois croire en ta bonne étoile, ne compter que sur toi-même.

Ébloui par tant de beauté

Très tôt je suis amoureux d'une jeune fille qui ne me regarde pas, dont je n'ai même jamais su le nom. Elle apprend la couture dans un collège à la con, une école ménagère, Les Charmilles, à Châteauroux, et moi, je me hisse sur le mur d'enceinte pour la regarder pendant les récréations. Je suis amoureux de toute cette blondeur qui émane d'elle, de cette lumière incandescente qu'elle irradie. C'est une joie et une souffrance, comme je le dirai plus tard à Catherine Deneuve dans *Le Dernier Métro*. Mais sur le moment je n'ai pas les mots, je n'analyse rien, je n'ai pas conscience de cette dualité, je songe seulement que rien d'autre ne compte désormais dans ma vie que cette jeune fille et que je pourrais mourir pour elle. À moins que... Mais à moins que quoi ? Que pourrait-il arriver ? Je ne sais pas, je n'ai personne à qui parler, j'ai onze ans et je suis malade d'un bonheur qui me brûle le cœur, me coupe l'appétit, me réveille au milieu de la nuit. Deux ou trois fois par jour, je retourne escalader le mur d'enceinte des Charmilles et me perdre dans sa lumière. Comment a-t-elle su que je venais pour elle, que j'étais là pour elle? Mais un jour elle le sait et nos regards se croisent. Son visage si pâle, et soudain son regard bleu dans le mien, à la fois candide et interrogateur. Alors ce que j'éprouve est si intense qu'un voile d'émotion me rend aveugle, me la dissimule complètement, et que je me retrouve en bas du mur, mon pantalon déchiré, un genou en sang, sans m'être vu tomber.

Bien plus tard dans ma vie, il y a une phrase du spectacle de Barbara, *Lily Passion*, que nous avons joué ensemble, qui me ramènera à cette fille, mon premier, premier amour: «La blondeur est un pays que je ne connais pas.» Non, moi non plus, c'est pourquoi je lève les yeux sur ce pays lointain, inaccessible, et que je demeure sans voix devant tant de beauté.

Un jour enfin nous nous croisons dans la rue, elle me reconnaît, marque le pas, plante un instant ses yeux dans les miens. Je n'aurais qu'à dire un mot, qu'à sourire peut-être... Mais je me fige, paralysé par sa lumière, et un centième de seconde plus tard elle s'en va, sans m'avoir rien donné d'autre qu'un froncement de sourcils.

Vingt ans plus tard, je revivrai la même scène exactement – à la chasse. Moi qui ne suis pas chasseur, moi qui n'aime pas chasser. Je marche le fusil à l'épaule, j'entends le chambard que font les rabatteurs, et soudain elle est là, une biche, arrêtée dans sa course à quelques pas de moi. Elle me regarde intensément, le cou tendu, les nasaux dilatés par la peur. Tout autour de nous, les types continuent de gueuler, mais elle et moi nous sommes dans ce dialogue silencieux, magnifique, hors du monde. Je n'aurais qu'à épauler et à tirer, mais là de nouveau je suis paralysé par l'émotion, par la beauté, et je la laisse s'enfuir.

Le ventre bleu de la mer

La première fois que j'ai vu la mer, c'est avec les supporters de La Berrichonne, le club de foot de Châteauroux. J'avais entendu dire qu'ils allaient jouer contre Monaco et je me suis faufilé dans le car des supporters. Les gars avaient dû payer pour l'aller et le retour, mais moi j'ai rien payé du tout et je suis monté dans le car. « On va gagner ! On va gagner ! », qu'ils gueulaient, et j'ai gueulé avec eux. On a roulé toute la nuit, et tout à coup le matin en ouvrant les yeux j'ai vu les montagnes, la terre rouge du Sud, les pins, les cyprès... et au détour d'un virage : la mer ! Le ventre bleu de la mer. Cette immensité bleue et ronde dans la pureté du matin. C'était irréel, tellement beau ! Tous les gars ronflaient dans le car, ils s'étaient bourré la gueule à la bière, j'ai couru à toutes les fenêtres pour continuer de l'apercevoir, la mer... Pourquoi j'ai pensé qu'on venait de là, qu'on était tous nés de là ? « C'est

donc ça, je me suis dit, c'est donc ça...» La confusion des noms, sans doute, puisqu'on l'appelait
la mère, pour moi qui avais accouché la Lilette...
Je ne sais pas combien de temps j'ai cru cela, cette
merveille, que nous étions tous nés de la mer, mais
je l'ai cru.

Ça m'a porté, ce voyage. Pendant des mois,
ça m'a porté. Voilà, je me disais, plus tard je
reviendrai, j'achèterai une maison, je le ferai, et
j'emmènerai toute ma famille dans cet air lumineux, sur cette terre rouge et chaude, sous ces
pins...

Et l'été suivant je suis revenu, mais seul cette fois.
En auto-stop jusqu'au cap d'Antibes. Treize ans
peut-être, mais avec un corps de dix-huit. Plagiste à
La Garoupe, chez Loulou. On se levait le matin tôt
pour remonter le sable avant d'installer les matelas. L'autre gars me détestait, un mec qui venait de
Lyon. «T'as rien à foutre ici, t'es qu'un gosse, t'as
pas le droit de travailler. — Je fais le même boulot
que toi, je remonte le sable tout pareil, alors fous-
moi la paix.»

Il m'a tellement fait chier, ce con, qu'un jour j'ai
brandi la pelle : «Si tu continues, je te la balance
à travers la gueule ! T'entends ? Je veux plus qu'tu
m'causes, je veux plus t'entendre.» Il a vu la folie
dans mes yeux et il a fermé sa grande gueule. Après
ça, j'observais cette espèce de grand con qui avait

trois fois mon âge, le dos voûté, et à qui je faisais peur.

J'habitais dans la cabane où on rangeait les matelas. J'ai vécu cet été-là les plus beaux moments de ma jeunesse, parce que j'étais en présence de la mer dont le ressac berçait mon sommeil, et parce que je découvrais les femmes. On leur apportait à manger sur la plage sur des petits tabourets. Elles écartaient les cuisses pour qu'on puisse glisser le petit tabouret et je voyais toutes ces chattes offertes... C'était comme un rêve.

L'Eldorado

Les Américains ont été mon autre école, ma chance, celle qui m'a sorti de la merde et ouvert au monde. Aussi loin que je remonte dans mes souvenirs, ils sont là, installés sur la base aérienne de La Martinerie transformée en camp fortifié par l'OTAN. Plus de dix mille hommes, dont certains avec femme et enfants, qui ont fait passer la population de Châteauroux de dix-neuf mille habitants en 1950 à trente mille en 1955. J'ai sept ans cette année-là et je suis fasciné par le spectacle qu'offrent les GI : leurs Jeep, leurs uniformes, leurs chewing-gums, leur pop-corn, leurs cigarettes, leurs bars, leur musique, leur rire... Leur rire surtout. Comme nous paraissons gris et insignifiants, racornis et tristes, nous le petit peuple de Châteauroux, comparés à ces géants noirs ou blonds aux dents blanches, chahuteurs et contents de vivre !

À treize ans, je mesure déjà un mètre soixante-quinze pour soixante-dix kilos et, comme j'ai appris à le faire dans les cinémas, j'entre sans invitation dans la base de l'OTAN. Sourire, toujours, pour afficher une confiance inébranlable en ta bonne étoile et passer devant les plantons en sifflotant comme si tu habitais la première à droite après les tennis. Je suis en apprentissage à l'imprimerie de Centre-Presse, je ne gagne même pas de quoi me payer mes cigarettes et mes bières et je découvre l'Eldorado américain : des magasins débordants de cigarettes, d'alcool, de jeans, de tee-shirts, de cor-ned-beef, de beurre de cacahuète...

Mon premier pote est un Indien, Red Cloud, Nuage Rouge. Avec lui, je fais mes premiers achats de cigarettes. Deux cartouches, dont je revends chaque paquet au double du prix qu'il m'a coûté. Puis je me fais d'autres amis, et bientôt j'entre et sors en leur compagnie, ce qui me dispense même de sourire. En quelques semaines seulement, je suis aussi à l'aise dans la base de l'OTAN, interdite d'accès aux étrangers, qu'un GI de l'Ohio. D'ailleurs, je pénètre en voiture avec mes nouveaux potes, leurs Buick ou leurs Chevrolet immatriculées à Dayton, ce qui me permet de ressortir avec une marchandise considérable planquée dans le coffre.

J'ai à vendre des cigarettes, du whisky, des chemises, des jeans, des tee-shirts, et au début je n'ai aucune idée de ce que je peux demander, aucune idée de la valeur des choses. Chez nous, on n'achète jamais rien, le boucher nous coupe le mou à crédit et jamais nous n'entrons dans un magasin de vêtements, la Lilette se débrouille pour nous habiller avec les dons de la paroisse et du Secours populaire. Alors j'apprends. On me dit : « Tiens, je te donne ça pour la chemise. » Et si ce n'est pas suffisant, je le vois aussitôt dans les yeux du type. Il est content, il flaire en moi le pigeon, la bonne affaire. Alors je lui reprends la chemise et je dis : « Non, c'est pas le prix », et immédiatement le gars propose plus. J'apprends à faire le prix dans le regard de l'autre. Quelques années plus tard, je ferai exactement la même chose dans le cinéma – « Vous me voulez vraiment ? Regardez-moi bien. Va falloir payer, les gars. À ce prix-là, moi je reste au lit. »

Bientôt, j'ai ma clientèle, ma petite entreprise tourne à fond, je suis attendu comme le Messie à l'hôtel-restaurant Le Faisan où l'on s'arrache cigarettes, alcools et vêtements *made in USA*. En une semaine, je gagne ce que le Dédé se fait péniblement en un mois, j'ai du pognon plein les fouilles. J'en glisse à la Lilette, à mes potes qui sont dans le besoin, et puis je dépense, je dépense...

Question culture, je suis sans arrêt fourré dans les cinémas des GI, je découvre les films américains en VO sans sous-titres, Darry Cowl, Burt Lancaster, mon idole, avec lequel je jouerai dix ans plus tard dans *1900*, le film de Bernardo Bertolucci – dix ans plus tard seulement, moi le merdeux de Châteauroux –, et puis j'écoute Elvis Presley en chair et en os, venu tout exprès chanter pour les boys de l'OTAN, Ray Charles, et pas mal d'autres encore.

J'apprends l'anglais. J'apprends la vie. Je n'ai pas peur, je continue de marcher sur mon fil sans trembler.

Les Brossard

La singularité de ma vie, je la mesure auprès des Brossard. Pourquoi cette famille raffinée et cultivée de Châteauroux m'ouvre-t-elle la porte de son hôtel particulier ? Parce que les Brossard ne sont pas des bourgeois comme les autres, les parents sont artistes, ouverts, curieux de tout ce qui se passe autour d'eux et absolument dénués de préjugés.

C'est par l'un des fils de la famille rencontré je ne sais plus où, Hervé, futur président du groupe publicitaire DDB, que je pénètre un jour dans cette maison. J'y découvre des parents comme je n'en avais jamais vu : amoureux, aimants, respectueux l'un de l'autre, l'un et l'autre d'une étonnante beauté, et curieusement intéressés par le garçon que je suis. Je ne leur cache rien de mes parents, de mes petits trafics... D'autres m'auraient jeté dehors, au lieu de ça, ils me demandent de rester dîner.

Chez eux, donc, on prend les repas en famille, on ne s'aboie pas à la figure comme chez nous mais on se parle, on s'écoute avec bienveillance, et après le dîner chaque enfant peut rejoindre sa chambre ou rester bavarder au salon. Je découvre un monde dont je ne savais rien et je tombe silencieusement amoureux de Christine, la sœur d'Hervé et de Thierry, les fils Brossard.

Ce qui me touche, c'est la façon dont ces gens m'adoptent. Ils n'ont jamais un mot pour me juger, mais jamais ils n'oublient de me répéter, au moment de se dire au revoir : « Reviens quand tu veux, Gérard, tu seras toujours le bienvenu. »

Jamais on ne m'a parlé avec tant d'affection. Je ne réponds pas, je ne remercie pas, je n'ai pas les mots mais j'entends, et deux jours plus tard, je suis de retour. Alors la mère, aussi belle que Lucia Bosè que je croiserai bientôt dans *Nathalie Granger*, le film de Marguerite Duras : « Ah, Gérard ! Entre, viens donc t'asseoir avec nous, je te mets un couvert. »

Je suis un chien des rues, c'est l'image que j'ai de moi, et pourtant, aussitôt que j'entre chez eux, qu'on m'invite à prendre place à table, je me sens plus beau, comme si les Brossard m'élevaient. Je ne pensais pas que de si belles personnes pouvaient m'accepter, et peut-être même m'aimer. Comme le spectacle de la mer, celui des Brossard me porte.

Une fois, pour les vacances, ils m'emmènent dans leur maison d'Arcachon, et cela aussi est irréel. Comment est-ce possible ? Comment peuvent-ils penser que je mérite de tels égards ?

Si je ne me suis pas complètement perdu, je le dois sans doute aux Brossard, et à quelques autres, qui m'ont permis d'entrevoir que la vie pouvait être différente.

Mes mains de sculpteur

Mes petits trafics n'auraient pas pu durer des années, bien sûr. D'autant que j'étais dans toutes les bagarres, le soir, à la sortie des bars, et que les gendarmes me connaissaient trop bien. Je traînais avec des mecs qui rentraient d'Algérie, la guerre était encore dans toutes les têtes, de sombres connauds à qui on avait appris à «casser du bougnoule» et qui continuaient les ratonnades dans les bas quartiers de Châteauroux. Des types avec lesquels tu buvais gentiment et qu'un verre de trop transformait en Dupont-la-joie. Moi, je n'avais rien contre les Arabes, alors on finissait par se mettre sur la gueule tous les samedis soir et ça se terminait généralement chez les gendarmes ou les flics.

Le début de la chute, c'est un mec qui me balance après s'être fait serrer par les douanes. J'ai dû prendre des intermédiaires pour écouler la marchandise et l'un de ces gars se fait arrêter avec le coffre plein de cigarettes américaines, de fringues et de whisky. Il donne mon nom, les gendarmes me ramassent, ils se concertent avec les flics du commissariat et j'entends ce jour-là pour la première fois la longue litanie de toutes les bagarres et petites escroqueries dans lesquelles on m'a pris la main dans le sac. Comme le dit le maréchal des logis-chef qui me veut du bien : « Ça fait beaucoup pour un petit gars de seize ans seulement, tu ne crois pas, Depardieu ? » J'acquiesce, je dis que je suis d'accord, c'est pas mal pour mon âge, en effet, mais pour le trafic de cigarettes américaines je nie farouchement. Jamais je n'aurais trempé là-dedans. Jamais. Ma chance, c'est qu'ils ne trouvent rien chez moi, pas même un mégot de Lucky Strike, mais enfin j'ai bien compris qu'ils ne vont plus me lâcher maintenant...

Et finalement je tombe pour un vol de voiture, à peine un vol d'ailleurs, un « emprunt » pour une soirée, plus ou moins la scène que je rejouerai dans *Les Valseuses*, avec Patrick Dewaere, quelques années plus tard. Le tribunal veut marquer le coup, me remettre dans « le droit chemin » comme disent les gendarmes, et je suis condamné à trois semaines de prison ferme.

C'est durant mon séjour en taule que j'ai la révélation qui va faire basculer ma vie. Presque rien, j'aurais pu aussi bien ne pas l'entendre, mais à ce moment-là, parce que je suis incarcéré – tombé de mon fil en quelque sorte –, la chose prend un écho phénoménal en moi. Elle est formulée par le psychologue de la prison. Il m'accueille avec bienveillance et, avant même de me demander quoi que ce soit, il s'empare de mes mains, les considère longuement, silencieusement.

« Tu as des mains de sculpteur, remarque-t-il à la fin. — De sculpteur ? Mais je ne sais même pas dessiner ! — Quelle importance ? Tu as des mains puissantes et belles, faites pour pétrir, pour modeler... » Je me souviens avec quelle force, quelle autorité, ces deux petites phrases voyagent en moi, m'électrisant de la tête aux pieds, gonflant mon cœur au passage d'une fierté que je n'avais jamais ressentie, pour finalement s'ancrer solidement quelque part entre le cœur et la tête. Je suis encore un enfant, si cet homme voit en moi un sculpteur, un *artiste*, alors c'est sûrement que je vaux mieux que le voyou dont j'étais en train de revêtir l'habit.

Voilà, c'est ça l'immense beauté de la vie : qu'une seule rencontre puisse t'apporter bien plus que dix années passées sur les bancs de l'école à répéter bêtement ce que dit un professeur. Ce type qui ne veut pas voir toute la merde qui m'entoure à ce moment-là de ma courte existence, qui arrête son regard sur mes mains et énonce ces quelques mots, me libère, m'ouvre toutes les portes. C'est le rayon lumineux qui te tombe soudain du ciel alors que tu moisissais au fond d'un cachot. Tu te croyais enfermé, prisonnier, tu pensais que le mur était infranchissable, et soudain tu découvres que la Terre vient de trembler et qu'une brèche est apparue à travers laquelle tu vas pouvoir te glisser, t'envoler vers la lumière.

C'est le fameux aphorisme qui court tout au long de l'œuvre de Nietzsche et qui m'émerveillera plus tard : « Deviens ce que tu es... quand tu l'auras appris. » Ce jour-là, j'apprends ce que je suis : un artiste. Moi, le fils du Dédé et de la Lilette qui n'aurait pas dû naître ; moi, le petit voyou du quartier de l'Omelon : un artiste ! De toutes mes forces je veux y croire. Et peu importe que l'homme ait pu se tromper, ce qui ne m'effleure pas, d'ailleurs, car ce qui compte, c'est évidemment le regard qu'il a porté sur moi. Sa confiance en moi, en mon devenir. Sa formidable confiance en moi.

Paris !

L'homme qui va me sortir de Châteauroux,
quelques mois après celui qui m'a sorti de moi-
même, s'appelle Michel Pilorgé. Je l'ai rencontré
trois ans plus tôt dans la gare. La gare est le lieu
de toutes les petites combines, c'est là que je passe
une bonne partie de mes journées. J'y croise souvent un type qui répond au nom de Morille et
dont la spécialité est d'aller dépouiller les morts.
Il suit les enterrements des familles bourgeoises
de Châteauroux et, la nuit suivante, avant que
la pierre soit posée, il retourne au cimetière, déterre
le cercueil, soulève le couvercle et embarque tout
ce qu'on a laissé de précieux sur le macchabée, les
bagues, les broches, les souliers... Un type beaucoup plus âgé que moi qui me demande à l'occasion
de l'aider. Et je l'aide bien sûr, je l'accompagne
au cimetière, on déterre ensemble le cercueil, il
fait ses petites emplettes pendant que je me grille

une cigarette et après ça il est content. Moi, je n'en ai rien à foutre. Enfin, tout cela pour dire que c'est à la gare que je rencontre Michel Pilorgé, qui rentre probablement d'un séjour à Paris. Je suis si envieux des gens comme lui qui se savent attendus qu'il m'arrive d'acheter un ticket de quai pour me mêler aux gens qui descendent du train et auxquels sourient les gens qui attendent.

Michel est fils de médecin, il a trois ans de plus que moi, il est peut-être en première ou en terminale, lui dix-sept ans, moi quatorze, et il veut faire du théâtre. Le théâtre, moi, je ne sais pas ce que c'est, ça doit être même la première fois que j'entends prononcer ce nom-là. Mais j'ai déjà découvert le cinéma et je lui parle de Burt Lancaster. On devient potes, parfois il m'invite à boire un verre au Faisan.

C'est sans doute sous son influence, pour comprendre ce qu'il me raconte, que je pénètre par effraction dans le théâtre de Châteauroux où l'on donne le *Dom Juan* de Molière. J'entre par la salle des costumes, je vois les comédiens en train de s'habiller, et j'assiste à la représentation planqué derrière la scène. Ce que je comprends de l'histoire ne m'emballe pas, mais je suis fasciné par la langue, la musique des mots... C'est si étonnant que je m'achète la pièce et que je prends plaisir à en déclamer tout seul des morceaux. Je ne

54

comprends pas un mot sur cinq, mais j'entends clairement la musique et je me souviens comme ça me plaît à l'oreille, tout en me troublant. On ne m'avait jamais dit que des mots pouvait jaillir une musique et c'est une découverte qui me plonge dans des abîmes de réflexion.

Un été, Michel m'accompagne sur la Côte où j'ai mes habitudes de plagiste, et on se fait embaucher, cette fois-ci à Cannes. Au retour, il me donne la main dans mes trafics avec les Américains. Michel est mon premier véritable ami, le premier mec sur lequel je peux compter, en qui j'ai une confiance aveugle.

C'est ce qui explique le rôle qu'il joue dans mon départ de Châteauroux. À la fin de l'été 1965, je le croise de nouveau devant la gare, par hasard. Costume bleu somptueux, lavallière, valise... « Ben tu te fais la malle, Michel ? — Je pars pour Paris apprendre le théâtre... Tu sais bien, depuis le temps qu'on en parle. — Merde ! J'pensais pas... Alors tu t'en vas vraiment ? — Ne tire pas cette tête, je reviendrai... Mais dis, j'y pense brusquement, pourquoi tu ne m'accompagnerais pas ? Je vais loger chez mon frère, on pourrait très bien t'héberger. » Je me tais, j'encaisse. Je ne suis même pas sûr de bien comprendre – l'accompagner, m'héberger, Paris, son frère... Et puis c'est l'heure du train et il s'en va.

Pour moi, l'air est devenu irrespirable à Châteauroux. Les gendarmes et la justice me tiennent à l'œil, le trafic avec les Américains est devenu trop risqué et je ne vais pas passer ma vie à l'imprimerie où je gagne une misère. Ce que m'a dit Michel se reconstruit petit à petit dans le bordel de ma tête, je reforme lentement le puzzle : monter à Paris, loger chez lui, quitter cette ville où je n'ai connu que des merdes – à part l'ange blond derrière le mur et la famille Brossard...

Soudain, tout cela m'apparaît de plus en plus comme la bonne sortie, moi qui suis un spécialiste des sorties de secours, et pas seulement dans les cinémas. Un matin, ma décision est prise : j'enfourne mes trois chemises et mes deux jeans dans un sac, j'embrasse le Dédé qui est encore bourré et la Lilette qui verse une larme, et je saute dans le premier train pour Paris sans avoir de quoi payer le billet.

Michel et son frère partagent un appartement rue de la Glacière, dans le XIIIe arrondissement. Le sourire de Michel lorsqu'il ouvre la porte et me découvre derrière ! Je suis au moins certain d'une chose : ici, et jusqu'à nouvel ordre, on ne me veut que du bien. Je n'ai plus de passé, j'ai seize ans, je suis un homme neuf.

Bégayeur comme le Dédé

Paris me plaît, m'enthousiasme, m'emporte. Les premières semaines, je glande du matin au soir, je furète, j'entre ici et là, je découvre, je me fais des potes dans les bars du côté de la montagne Sainte-Geneviève. Et puis un jour, Michel me propose de l'accompagner à l'École de théâtre du TNP, dirigée par Charles Dullin, dont il suit les cours avec assiduité. Pourquoi pas ? Je passe deux ou trois jours assis à côté de lui et, sans rien comprendre de ce qui se dit sur la scène – des élèves qui jouent des extraits de pièces dont je ne sais rien, même pas le titre –, je retrouve cette fascination pour la musique des mots que j'avais ressentie devant le *Dom Juan* de Molière. J'arrive de mon Berry, j'ai ma gueule de bûcheron, mon nez de boxeur, les cheveux longs, je fais peur aux vieilles dames à la tombée du jour – et cependant la musique des mots de Racine me bouleverse, puisque c'est de lui qu'il s'agit.

Mais pourquoi ? Qui saurait m'expliquer ? De nouveau je me retrouve plongé dans des abîmes de perplexité.

Et soudain, le professeur me remarque. C'est un grand homme de théâtre, paraît-il, Lucien Arnaud, que Michel est allé voir sur scène quelques jours plus tôt dans *Hamlet*, d'un certain Shakespeare, au Palais de Chaillot.

— Dis donc, toi, je ne t'ai pas encore entendu... Viens donc voir par là.

Il me propose d'étudier une fable de La Fontaine et de monter le lendemain sur scène pour la dire.

J'acquiesce, j'ai un très vague souvenir de ce La Fontaine dont j'ai dû apprendre quelque chose pour le certificat d'études, mon seul diplôme, et puis je n'y pense plus.

Mais Lucien Arnaud y pense, lui, et le lendemain il me fait monter sur scène. J'avoue ne pas avoir étudié la fable.

— Bon, fais-nous une impro alors. Allez, vas-y, on te regarde, on t'écoute.

Et là je commence à rire, à rire de bon cœur, puis de plus en plus profondément, à rire, à rire, si bien qu'après quelques minutes toute la classe est également pliée en quatre, et parmi elle Lucien Arnaud, qui en pleure.

— Formidable ! Formidable ! s'exclame-t-il à la fin, c'est du Antoine, mais en mieux !

Je ne connais pas Antoine, j'apprendrai que c'est un comique dont l'un des sketches consiste à déclencher l'hilarité générale en se mettant tout simplement à rire. Mais j'ai réussi le test.

Je passe cette année 1965-1966 au cours Dullin, en dilettante. J'apprends quelques petites choses en observant les autres, mais je n'ai pas les mots, je peux faire rire, marcher sur une scène, j'ai de la « présence », comme dit Arnaud, mais je n'ai pas les mots. Il me semble que le fantôme du Dédé, qui n'a jamais su formuler une phrase, continue de me hanter.

C'est cependant ma « présence » qui me fait repérer par le cinéaste Roger Leenhardt. À ce moment-là, on me trouve tous les soirs au Polytech, chez Dédé, sur la montagne Sainte-Geneviève, un bar fréquenté par des travelos, mais pas seulement. J'y croise Coluche, avec sa petite chemise à carreaux, encore maigre comme un fil, Bernard Lavilliers avec sa guitare, et quelques autres... Mais ce ne sont pas eux mes potes, mes potes, ce sont les travelos, et en particulier Paulette qui a fait Diên Biên Phu dans la Légion – manteau de léopard, choucroute blonde sur la tête et hauts talons. « T'en fais pas, mon poulet, me susurre-t-elle à l'oreille, un jour je t'aurai : tu comprendras ce que c'est que de se faire sucer par un mec. » Paulette qui rentre un jour de l'enterrement de son père, en Alsace.

— T'es allée là-bas en femme, Paulette ?

— Bien sûr, qu'est-ce que tu crois !

Paulette au fond du cimetière avec sa choucroute et son léopard, et tout le village qui se demandait ce que cette pute pouvait bien faire là.

— Les gens se retournaient sur moi, personne ne m'a reconnu, figure-toi. Mais je les ai tous entendus se lamenter que le fils du défunt ne soit pas là...

Une nièce de Roger Leenhardt fréquente également ce bar et c'est elle qui lui parle de moi, avec ma peau de bête et mes cheveux longs. Leenhardt cherche alors un comédien pour incarner un *beatnik* dans un court métrage qu'il s'apprête à tourner, *Le Beatnik et le Minet*. Il vient me voir et m'engage dans l'heure : cinq cents francs pour une seule journée de tournage, à Paris, rue de Tournon. Et un réveil, qu'il va aussitôt m'acheter à la boutique du coin parce qu'il est persuadé que je ne vais pas me réveiller et lui planter son tournage.

Je ne sais plus trop ce que le film raconte, Socrate et Alcibiade, en gros, mais je n'ai aucun mal à incarner le *beatnik*. Le seul problème, qui annonce déjà les difficultés que je vais rencontrer par la suite, c'est que je suis incapable de dire mon texte, non seulement parce que je ne comprends pas le sens des mots, mais en plus parce que je suis inaudible, aussi bégayeur et bougonneur que le Dédé. Pas mécontent de ma prestation, Leenhardt fera cependant doubler ma voix par son ami Jacques Doniol-Valcroze.

Je me rappelle qu'avec les cinq cents balles, mon premier cachet de comédien, je cours acheter tous les livres du philosophe spiritualiste Sri Aurobindo. À cette époque, je suis bien plus passionné par l'ésotérisme que par le théâtre – par Allan Kardec, par les peintres Odilon Redon et Max Ernst. C'est la seule chose que m'ont léguée mes grands-parents : d'un côté l'Émilienne, cette vieille sorcière que j'adorais et qui jetait le mauvais sort à tous ceux qu'elle aurait voulu voir disparaître ; de l'autre Xavier Marillier, son amant, le père de la Lilette, occultiste passionné qui possédait toute l'œuvre de Philippe Encausse.

Jean-Laurent Cochet

À la rentrée 1966, Michel quitte le cours Dullin pour tenter sa chance auprès du grand Jean-Laurent Cochet, ancien pensionnaire de la Comédie-Française, professeur au Conservatoire national supérieur d'art dramatique et metteur en scène attaché au théâtre Édouard-VII où il a son cours privé. Michel a rendez-vous pour une audition au théâtre Édouard-VII et il me convainc de l'accompagner.

Ma rencontre avec Jean-Laurent Cochet est l'un des événements les plus marquants de ma vie. C'est cet homme qui va me révéler à moi-même et faire de moi un comédien, un artiste. Je vois immédiatement que tout ce qui effraie en moi l'intrigue, et peut-être même le fascine. J'ai dix-sept ans, il en a trente-deux et il est homosexuel : je crois qu'il est le premier à déceler ma part féminine sous l'habit de l'homme des bois et du voyou. À repérer cette hypersensibilité qui jusqu'ici n'a fait que m'encombrer, et même me paralyser.

Il me demande de préparer un extrait de *Caligula*, d'Albert Camus, dont je n'avais jamais lu une ligne. Il est entendu que Michel me donnera la réplique. Je découvre le texte, tente de l'apprendre avec le concours de Michel – mon sauveur décidément. Enfin arrive le moment de l'audition, sur scène, et devant tous les élèves du cours. Je suis tellement ému de devoir jouer en public qu'à l'instant de lancer à Scipion : « Viens, assieds-toi », je n'ouvre pas la bouche et balance un tel coup de poing dans la chaise que je l'explose. Il y a un moment de sidération dans la salle, et puis j'entends se lever quelque chose comme une tempête de rires et je pense que pour moi c'est foutu, bien foutu. Je m'apprête à me tirer, bougonnant de dépit, ou de colère, quand Jean-Laurent Cochet me rattrape par la manche.

— Attends, ne pars pas, viens voir par là qu'on discute un peu.

Il m'entraîne dans son bureau.

— Dis-moi une chose, je n'ai pas entendu le son de ta voix : tu ne parles pas ?

— Ben non, j'sais pas, j'ai pas appris...

— Mais le texte de Camus, tu l'as appris ?

— Ouais. Je suis peut-être capable de vous le répéter si je me concentre, mais je ne comprends pas les mots, je ne sais pas ce qu'ils veulent dire.

— Ah... Mais rassure-moi, tu as déjà fait du théâtre ?

— Bien sûr que j'ai fait du théâtre !

Il m'observe un long moment. Comment puis-je prétendre avoir déjà joué après ce qui vient de m'arriver ? Un autre m'aurait flanqué à la porte, mais Cochet a l'intelligence de faire semblant de me croire.

— Bon, bon... Eh bien, je te garde, tu es admis dans mon cours, comme ton ami Pilorgé d'ailleurs.

— Ben merci. Le seul problème, c'est que j'ai pas d'argent...

— Tu n'as pas d'argent... Tu n'as pas d'argent pour payer les cours, tu veux dire ?

— Ouais, voilà... J'ai rien, je peux pas vous payer.

— Ça va, j'ai compris. Ne te fais pas de souci pour ça, viens quand même. D'accord ?

À la fin de cette conversation invraisemblable, il me demande cette fois de travailler Hippolyte et Pyrrhus.

— Hippolyte ?

— Oui, pour la prochaine fois tu prépares un extrait, celui qui t'attire le plus...

— Bon et... Et Pyrrhus, c'est ça ?

— Et Pyrrhus, absolument. Ça ira ?

— Parfaitement, monsieur Cochet.

Il ne peut évidemment pas deviner que je n'ai jamais entendu parler de *Phèdre*, et donc de cet Hippolyte que je suis censé incarner, et encore moins se douter qu'à cet instant je pense secrètement que Pyrrhus est le nom d'un chien, n'ayant pas plus ouvert *Andromaque* que *Phèdre*.

Ce qui me sidère, avec le recul, c'est à quel point Cochet croit en moi dès notre première rencontre, un peu comme le psychologue de la prison de Châteauroux. Quel homme est-ce que je serais aujourd'hui si ma route n'avait pas croisé la sienne ? Car c'est avec lui, grâce à lui, qu'avant d'apprendre le théâtre, je vais commencer par réapprendre à parler. La parole, *ma* parole, il y a bien longtemps que je l'ai perdue.

Comment est-ce arrivé ? Enfant, je parlais, je parvenais à exprimer librement tous mes rêves, ils jaillissaient par ma bouche, avec mes mots à moi, et ceux qui les entendaient les comprenaient. Si l'Émilienne était encore vivante, elle pourrait témoigner des longs discours que je lui tenais dans les chiottes d'Orly sur la provenance des avions et les départs annoncés. Enfant, je ne bégayais pas, je ne bougonnais pas, j'étais capable d'énoncer clairement les pensées qui me traversaient. Mais petit à petit, on aurait dit que les mots s'étaient embouteillés, qu'ils ne parvenaient plus à sortir librement de ma poitrine, comme s'ils en étaient empêchés par une sorte de confusion, ou de chaos qui se serait installé dans ma tête.

Je grandissais, de plus en plus d'informations et de situations nouvelles se présentaient à moi, or j'étais de moins en moins capable de les comprendre, de les décrypter, de m'en nourrir. C'est à ce moment-là que sur les conseils de mon père je m'étais mis à sourire. À sourire sans arrêt. «Quand on te pose une question et que tu comprends pas, souris, m'avait conseillé le Dédé. Fais comme si tu comprenais. Tu écoutes bien et tu souris. C'est le seul moyen qu'on te foute la paix.» Il voulait dire que nous étions des voyageurs sans bagages, nous, les incultes, les pauvres, et que la seule solution pour ne pas se faire remarquer et vivre pénard, c'était de faire comme les riches, de les imiter, d'afficher à leur façon un bon sourire confiant.

Faire semblant. Enfouir ses désirs, renier ses pensées. Se nier, ne rien vouloir de soi. C'est une immense douleur. En réalité, je l'ai compris quelques années plus tard quand je me suis mis à fréquenter les fous avec Marguerite Duras qui voulait adapter *Home*, la pièce de David Storey qui se déroule entièrement dans un asile. Pour affronter la vie dans laquelle ils ne se sentent aucune place, les fous se font lisses comme je l'étais moi-même devenu. Plus tu es lisse, plus tu passes inaperçu, plus on accepte ta présence. Les fous te sourient, ils te regardent d'un air très doux, mais aussi bien la seconde d'après ils peuvent te sauter à la gueule et te massacrer. Comme j'aurais pu le faire moi aussi. Les fous sont dans une grande douleur, et c'est une douleur similaire qui m'a fait perdre la parole. Insensiblement, je me suis mis à bougonner comme le Dédé, à mâchouiller des mots inaudibles qui ne débouchaient jamais sur aucune phrase.

Voilà l'homme que je suis quand je rencontre Jean-Laurent Cochet et qu'il me demande d'incarner Pyrrhus.

Voyageur sans bagages

Soupçonnant que Pyrrhus était un chien, j'avais failli balancer à Jean-Laurent Cochet : « C'est ça, fous-toi de ma gueule ! Hippolyte, je veux bien, mais Pyrrhus, c'est pas du théâtre, c'est un clébard... Faut pas me prendre pour un con. »

Par bonheur, j'ai préféré me taire, et le soir même je découvre *Andromaque*, la pièce de Racine, que m'a passée Michel. Je me rappelle mon éblouissement en entrant dans la musique du texte, le même éblouissement qui m'avait emporté en écoutant le *Dom Juan* de Molière trois ou quatre ans plus tôt. Je ne comprends rien à l'histoire, aux personnages, il me manque toutes les références, je suis un voyageur sans bagages, mais je saisis dans l'instant la beauté des notes, et je n'ai qu'à lire les vers pour les retenir. C'est ce soir-là que pour la première fois de ma vie je m'entends jouer. J'arpente la chambre que je partage avec Michel et *je suis* Pyrrhus :

La Grèce en ma faveur est trop inquiétée.
De soins plus importants je l'ai crue agitée,
Seigneur ; et, sur le nom de son ambassadeur,
J'avais dans ses projets conçu plus de grandeur.
Qui croirait en effet qu'une telle entreprise
Du fils d'Agamemnon méritât l'entremise ;
Qu'un peuple tout entier, tant de fois triomphant,
N'eût daigné conspirer que la mort d'une enfant ?
Mais à qui prétend-on que je le sacrifie ?

Jean-Laurent Cochet est soufflé. « Celui-là, aurait-il dit après m'avoir entendu déclamer sur scène, ça va devenir un grand, un très grand... si les petits cochons ne le mangent pas ! »

Il pense aux producteurs, aux hommes d'argent, sans soupçonner encore tout le chemin qu'il me reste à parcourir. Car de ces quelques vers, je ne comprends pas traître mot. « La Grèce en ma faveur est trop inquiétée... » C'est somptueux, je peux me le répéter à l'infini. « De soins plus importants je l'ai crue agitée », je m'entends le dire tout haut sur le large trottoir de l'avenue des Gobelins. Oui, il y a là une forme de miracle, mais ce que ça veut dire, je n'en ai pas la moindre idée.

Cochet aurait dû me virer en découvrant la profondeur du vide, l'étendue du désastre, je pense que n'importe quel autre l'aurait fait, mais lui ne se dégonfle pas. Il m'envoie à Issy-les-Moulineaux, chez un vieil Algérien érudit, M. Souami, homme de lettres, qui entreprend de m'expliquer les mots, le secret de leur musique grâce à la ponctuation, et qui me raconte au passage la Grèce antique, ses héros, ses mythes, avant de me parler de Corneille, de Racine, de Molière... Plusieurs fois par semaine, je suis accueilli par ce M. Souami qui me prend bénévolement sous son aile, tout comme Cochet. Pourquoi ? Pourquoi ces hommes ont-ils accepté de me sortir de la merde où j'avais poussé comme du chiendent ? Au fond, je ne le saurai jamais vraiment. Pour l'amour de l'art. Par compassion pour l'humanité. Parce que ma gueule leur revenait. Tout cela à la fois sans doute.

Mais la confusion persiste et je continue d'ânonner dès que je ne suis plus dans la parole d'un autre, comme si je n'existais qu'à travers Racine ou Corneille. Alors Cochet m'expédie chez le docteur Alfred Tomatis, ORL, grand spécialiste des troubles de l'audition et du langage.

Après différents tests, Tomatis m'explique que mes problèmes d'élocution viennent d'un défaut d'audition : non pas d'une surdité, mais tout le contraire : je perçois trop de sons, mon oreille ne les sélectionne pas, ce qui provoque une forme de saturation qui parasite mes facultés d'expression.

En somme, j'entends trop bien, j'écoute trop bien tout ce qui se murmure autour de moi et cette «hyperaudition», au lieu de booster la parole, aboutit à ce que je me replie sur moi-même, comme abasourdi par le vacarme alentour. Quand ai-je commencé à développer cette hypersensibilité aux sons? Après m'avoir longuement interrogé, Tomatis estime que cela a dû se mettre en place dans le ventre de la Lilette, quand j'ai pressenti non seulement que je n'étais pas un enfant désiré, mais encore qu'on en voulait sérieusement à ma peau. J'aurais développé mon audition par instinct de survie d'une certaine façon et, dans le même mouvement, j'aurais appris à me faire le plus discret possible – et, pourquoi pas, à sourire (déjà)? – pour échapper aux coups mortels des aiguilles à tricoter. Les premières années, enfant, je n'avais pas trop souffert de cette audition déme-surée, mais la chose m'avait rattrapé à l'adolescence, me dit-il, comme nombre d'autres traumatismes.

Toute cette année scolaire 1966-1967, je fré-quente assidûment le cabinet du docteur Tomatis, boulevard de Courcelles. Lui aussi me donne beau-coup de son temps sans me demander un franc, et en me faisant travailler tous les après-midi avec un casque sur la tête il parvient en six ou sept mois à rééduquer mon système auditif et à me réap-prendre à parler – enfin! À parler avec cette voix et ce phrasé qui sont les miens aujourd'hui.

C'est dire le tournant que représente pour moi cette année chez Jean-Laurent Cochet. Je lui suis tellement attaché, d'ailleurs, que je m'invite dans sa maison de vacances au milieu de l'été 1967.

«J'ai une jolie image de lui dans ma tête, écrit-il à mon propos dans un de ses livres. Il était venu me rejoindre en stop sur la Côte, où je prenais quelques jours de vacances, ayant été malade, et il passait le plus clair de ses journées sur un rocher isolé qui s'avançait, escarpé, entre ciel et mer. Il y avait installé son cabinet de travail. On pouvait distinguer de la plage, se découpant dans le soleil, une colossale statue de Rodin, cheveux fous et muscles saillants, qui lisait Marivaux. Et le soir, dans la chambre, j'avais droit aux commentaires enflammés de ce Triton fantasque : "Tu comprends, mon petit maître..."

«Cet homme des bois de dix-sept ans que j'ai vu débarquer au cours avait, en fait, l'esprit d'Ariel. Sa tendresse de cœur le préparait au répertoire le plus choisi[1].»

---

1. *Mon rêve avait raison*, Jean-Laurent Cochet (référence complète de l'ouvrage en page 6).

Élisabeth

Jean-Laurent Cochet encore, dans le même livre, se remémorant ses élèves cette année-là : «Gérard Depardieu, celui qui a le mieux, très vite, commencé à comprendre ce qu'il pouvait être vraiment, qui a le plus travaillé, qui a été le plus fidèle, et qui a la plus grande personnalité parmi les acteurs de sa génération[1].»

Je ne sais pas si je comprends ce que je suis, ce que je peux devenir, mais Cochet le comprend sûrement, lui, sans cela il ne m'aurait pas gardé dans son cours l'année suivante, 1967-1968, et de nouveau sans me demander un franc. Et il y en a une autre qui me voit du talent et un avenir, c'est Élisabeth Guignot, également élève chez Cochet. Élisabeth, qui va devenir ma femme, dont la beauté m'éblouit, mais à laquelle je n'adresse

---

1. *Mon rêve avait raison*, op. cit., p. 69.

pas la parole. Elle a vingt-cinq ans quand moi seulement dix-neuf. Elle a fait des études de psychologie avant de se lancer dans le théâtre, elle a tout lu, connaît tous les textes, tous les grands auteurs, et, pour clore le portrait, elle joue merveilleusement bien. S'il y a une fille que je n'ose pas aborder, c'est bien elle. À cette époque, de toute façon, je n'imagine pas une seconde qu'une femme puisse tomber amoureuse de moi. Je porte le lourd fardeau de ne pas avoir été désiré, et même d'être un rescapé de tentatives multiples d'extermination, de sorte que j'ai bien du mal à m'accepter, à m'aimer un minimum, or comment partir à la conquête d'une fille, lui demander de te regarder, éventuellement de t'aimer, si toi tu ne t'aimes pas ? Si tu n'as aucun plaisir à te regarder dans une glace ? Je couche avec des filles, bien sûr, mais c'est généralement avec un coup dans le nez, et aussi bien je ne les reconnaîtrais pas le lendemain si je les croisais.

C'est Élisabeth qui s'intéresse à moi la première, et c'est sans doute ce qui déclenche chez moi un élan immédiat vers elle, en retour. Qu'une telle femme me regarde, revienne avec insistance me parler, commenter ce que je fais sur scène, mais c'est complètement inespéré vu de ma fenêtre, venant d'où je viens ! Complètement inespéré ! Elle me dit et me répète que je vaux beaucoup mieux, beaucoup plus encore que ce que je donne à voir, moi l'homme des bois, l'ex-voyou de Châteauroux. Elle dit cela avec une intelligence et une bien-veillance qui me font légèrement tourner la tête, et comme je ne sais pas quoi lui répondre, je me mets à rire bêtement. Pourtant, ce ne sont pas des mots en l'air : du haut de mon mètre quatre-vingt-cinq, tandis qu'elle m'arrive tout juste aux seins, je peux voir dans son beau regard azur tout l'intérêt, et même toute l'admiration qu'elle me porte. Si elle ne m'aime pas encore – en tout cas je m'interdis de le penser –, il est manifeste que je tiens une place dans son cœur, et c'est déjà immense, démesuré, si démesuré que je me sens fondre pour elle de gratitude. C'est comme cela que s'engage notre histoire. À part moi, tous les élèves du cours sont des enfants de bourgeois, Élisabeth n'y échappe pas, elle a grandi à Bourg-la-Reine entre un père polytechnicien, directeur à la RATP, et une mère issue de la noblesse, mais, au contraire des autres filles, elle n'a pas d'œillères, elle se fiche des conventions, elle est ouverte à tout, curieuse, artiste, fantasque, d'une remarquable intelligence. D'ailleurs, si elle n'avait pas été cette femme-là, elle ne m'aurait pas regardé, et je ne me serais pas senti accepté, puis aimé, avec tous mes défauts et toute ma folie.

Cependant qu'Élisabeth prend petit à petit une place dans ma vie, et moi dans la sienne, je travaille farouchement pour rattraper mon retard. En quelques mois, je découvre tous les grands auteurs, de Corneille à Shakespeare, de Marivaux à Musset, en passant par George Sand, Bertolt Brecht et Peter Handke. Je tente de rattraper en une seule année toutes celles passées à glander dans les rues de Châteauroux, et je me découvre une capacité à assimiler que je ne me soupçonnais pas. Sur un seul mot, je peux me mettre à déclamer toute une scène, grisé par la musique et sans avoir le sentiment de faire appel à ma mémoire, comme si ces mots-là étaient devenus les miens, comme si j'incarnais le texte, ce qui est véritablement *jouer* – je le comprendrai bientôt en travaillant avec Claude Régy et Marguerite Duras. Je comprendrai avec surprise qu'étant étonnamment vide d'inhibitions, vide de moi-même peut-être – Mais pourquoi ? Est-ce parce que j'ai si peu reçu ? –, aussi vide qu'une page blanche en quelque sorte, j'ai une facilité naturelle à laisser entrer un personnage en moi, à porter sa voix et son destin. J'y reviendrai, mais je veux le dire ici, tout de suite, parce que cette aisance à jouer explique sûrement la curiosité que j'éveille aussi bien chez Élisabeth que chez Cochet.

Pour le reste, je suis resté l'enfant sauvage du quartier de l'Omelon, étranger à ce qui se passe autour de moi, inaccessible aux lois et aux règlements, incapable de s'intégrer dans un groupe.

Les premières manifestations étudiantes du printemps 1968 me glissent dessus. Qu'elles puissent
exprimer le ras-le-bol des années de Gaulle ne
m'effleure pas, je n'ai aucune conscience politique,
qu'une infime culture historique, ma seule référence en la matière est d'avoir vu le Dédé vendre
L'Humanité. J'ai donc un *a priori* plutôt favorable
à l'égard des communistes, de la gauche en général, mais je n'ai lu ni Marx, ni Jaurès, ni Mao. Des
étudiants que j'entends scander « CRS-SS », puis
que je vois dresser des barricades et brûler des
bagnoles, je pense que ce sont des gosses de riches,
des enfants de bourgeois, et je rigole du spectacle
dérisoire qu'ils offrent. Mais je ne fais pas que
rigoler, je me fonds parmi eux et la nuit, lorsqu'ils
s'endorment à l'Odéon ou dans les amphithéâtres
de la fac de médecine, je les dépouille conscien-
cieusement : montres, colliers, broches... Continuez
la révolution, les gars, moi, pendant ce temps-là,
je me fais du pognon. Et pendant que je me rem-
plis les fouilles de leurs bijoux, je me souviens que
je récite inlassablement, d'une voix tranquille,
comme si j'allais et venais sur scène, des poèmes de
Jules Laforgue que j'ai mémorisés en même temps
que tout le reste durant cette année flamboyante :

> *Mesdames et Messieurs, vous dont la mère est morte,*
> *Ouvrez au fossoyeur qui claque à votre porte.*

Si vous n'avez pitié, il viendra sans rancune,
Vous tirer par les pieds une nuit de pleine lune[1].

Les mots des autres, encore une fois, pour remplacer ceux que je n'ai pas.

---

1. Jules Laforgue, *Les Complaintes*, 1885.

Les Garçons de la bande

C'est encore Jean-Laurent Cochet qui me fait démarrer sur scène à la fin de l'année 1968. Il monte une pièce américaine qui a connu un gros succès à Broadway : *Les Garçons de la bande*, de Mart Crowley. L'histoire d'une bande de potes qui, pour l'anniversaire de l'un d'entre eux, lui offrent en cadeau... un garçon ! C'est sans doute la première fois que l'homosexualité est abordée au théâtre avec une telle absence de tabous. Cochet me veut pour interpréter le «cadeau», un rôle quasiment muet mais qui exige une forte présence sur scène, or il se heurte au refus immédiat de son producteur. «Ce type-là pour incarner le "cadeau", cette brute mal dégrossie ? Mais personne n'y croira voyons ! Trouve quelqu'un d'autre, c'est non.» «C'est lui ou moi», rétorque Cochet, avec cet argument imparable qui emporte finale-ment l'adhésion du producteur : «Vous n'aimez pas les garçons. Sinon vous sauriez à quel point Depardieu est plus excitant qu'un jeune premier fadasse. » Que peut répondre à ça un hétérosexuel ? Que je plais aux homosexuels, je l'ai su très jeune, à dix, douze ans, quand des types qui me prenaient en stop me proposaient de me sucer la bite et que je leur réclamais du pognon. Et ça se confirme. Bientôt j'aurai toute une bande de mecs accrochés à mon cul. J'en manipulerai certains pour les dépouiller, j'ai vingt ans, le voyou en moi respire encore, et il m'arrive d'arracher les fils du téléphone, de démolir un mec et de repartir avec tout son fric.

Je suis donc le « cadeau » dans *Les Garçons de la bande* au théâtre Édouard-VII, et si la pièce fait un succès, elle a aussi le grand mérite de me faire connaître. Je lis pour la première fois des mots élogieux sur un type qui porte le même nom que moi, qui serait une révélation parmi les jeunes comédiens de cette année 1968-1969, et j'ai un peu de mal à juxtaposer les deux images : celle dont je découvre la photo dans le journal et celle du mec que je croise tous les matins dans le miroir de ma salle de bains – le petit voyou traqué par les gendarmes de Châteauroux, prenant Pyrrhus pour un nom de clébard et, à propos de chien, tout juste capable d'aboyer sur scène, à la façon du Dédé, deux ans plus tôt.

Cette petite reconnaissance m'ouvre quelques portes, on me prend au Café de la Gare pour un rôle dans une pièce intitulée *Des boulons dans mon yaourt*, et je suis engagé par Raymond Rouleau pour jouer dans *Une fille dans ma soupe*, de Terence Frisby, au théâtre de la Madeleine.

Mais la rencontre la plus fondamentale que je fais cette année-là, 1969, est bien sûr celle de Claude Régy, grand homme de théâtre, qui va me conduire à Marguerite Duras et Peter Handke. Régy cherche un comédien capable d'interpréter un jeune truand dans une pièce d'Edward Bond, *Saved*, qu'il veut monter au Théâtre national de Chaillot, et après m'avoir vu sur scène il vient me proposer le rôle.

Voilà l'homme que je suis – pas forcément un « cadeau », contrairement à ce qu'imagine Jean-Laurent Cochet – à la veille de mon mariage avec Élisabeth.

Sur ma mobylette

Nous nous marions le 11 avril 1970 à Bourg-la-Reine. Si Élisabeth n'avait pas eu cette forte personnalité, se foutant des conventions et du qu'en-dira-t-on, et si ses parents n'avaient pas eu cette ouverture d'esprit qui était leur véritable noblesse, jamais ce mariage n'aurait pu exister : un petit voyou des bas quartiers de Châteauroux, ex-taulard, quasiment illettré, admis à épouser la fille de grands bourgeois raffinés et fortunés.

Les parents d'Élisabeth n'ignorent rien de mon enfance, de mon passé, mais, avec une remarquable élégance, le père balaie tout cela d'une seule phrase, qui n'appelle ni répliques ni commentaires : « Gérard a quelque chose de beaucoup plus important que tout le reste, il a la générosité du cœur. »

Si par hasard il leur restait un doute sur mes origines, il est bien vite levé avec l'apparition, le matin du mariage, du couple de mes parents, la Lilette et le Dédé, arrivant tout droit de la baraque sordide et du quartier misérable où ils ont élevé leurs six enfants. Elle dans sa plus belle robe à fleurs achetée sur le marché, lui dans son unique costume élimé des années 1950. C'est Michel Pilorgé, mon témoin, qui est allé les récupérer à la gare d'Austerlitz. Il a profité du trajet pour briefer le Dédé sur la future belle-famille, Madame de la «haute», Monsieur roulant chauffeur, et lui demander de ne pas abuser sur la bouteille. Résultat : le Dédé sera parfait, ne carburant qu'au Pschitt Orange durant toute cette longue journée.

Il me semble bien que le même Dédé, glacé de timidité, n'a pas ouvert la bouche, se contentant d'acquiescer et de sourire, selon la méthode qu'il m'avait inculquée pour qu'on ne vienne pas nous chercher des poux dans la tête, mais les Guignot ne s'en sont pas moins montrés des hôtes parfaits, associant ce drôle de couple – la Lilette qui ne lâche pas un instant le bras de son Dédé – à tous les petits discours et événements de la journée.

Vingt et un ans et me voilà marié, mais moi je ne sors pas de Polytechnique, je ne roule pas avec chauffeur, j'ai acheté une mobylette et toute la journée je cachetonne. Je tourne des conneries pour la télévision dans la journée, le soir à 20 heures je suis au théâtre de la Madeleine pour jouer

Une fille dans ma soupe, avec Élisabeth Wiener et Pierre Mondy, et à 22 h 30 je joue au Café de la Gare jusqu'à pas d'heure.

Bientôt Élisabeth est enceinte, mais je ne suis pas souvent à la maison – un petit appartement rue Lepic, au pied de la butte Montmartre –, bien trop occupé à rentrer du pognon, et ça marche, ça marche, j'accepte tout ce qui se présente et je cours aux quatre coins de Paris au guidon de ma mobylette. Moi, au contraire du Dédé, je n'ai jamais manqué de pognon : entre les Américains, des petits casses par-ci par-là, et maintenant la scène, je ne me plains pas.

Et puis je force le destin, je veux qu'on me fasse tourner, qu'on me connaisse dans le cinéma, alors j'entre dans les boîtes de production à la voyou, sans rendez-vous, je regarde un peu ce qu'ils ont en préparation et je me fais donner le plan de travail. C'est comme ça qu'on se retrouve engagés, avec Michel Pilorgé, dans *Un peu de soleil dans l'eau froide*, de Jacques Deray, d'après le roman de Françoise Sagan.

J'entre dans n'importe quel bureau, avec mon blouson de cuir et mon casque, et je fais :

— Fais-moi voir un peu le plan de travail pour *Un peu de soleil* ?

— Mais qui êtes-vous ?

— T'occupe, fais voir le plan de travail je te dis...

Le mec me le donne, sans trop savoir.

— Putain, ça se passe à Limoges ! Mais c'est ma ville ! J'en suis !

— Enfin qui êtes-vous ?

— Ça, ce rôle-là, c'est pour moi... Comment ça, qui je suis ? Qui je suis ? Qui je suis ? Regarde bien ma gueule, tu ne me reconnais pas ? Gérard Depardieu, je joue tous les soirs à la Madeleine, renseigne-toi mon pote, je suis même dans l'annuaire du spectacle.

Finalement, un assistant de Deray se pointe.

— Ce rôle-là, je dis, c'est pour moi. Attends voir, un, deux, trois... sept jours de tournage à Limoges, c'est chez moi, c'est pour moi, tu en parles au metteur et je repasse demain.

Le type me regarde comme si j'étais un malade, mais le lendemain je pousse la porte de son bureau sans frapper et je remets ça :

— Alors, tu l'as vu ? J'ai le rôle ? Depardieu, putain, tu te souviens bien de moi quand même !

Et un jour ça semble bon. Figurant, c'est toujours mieux que rien.

— Rendez-vous demain 8 heures, tu t'habilles en court. Et tu peux venir avec ton pote.

Je ne comprends pas bien pourquoi il faut s'habiller en court, et Michel encore moins.

— Qu'est-ce que c'est que cette connerie ? Et le lieu de rendez-vous, tu l'as ? Attends, je vais les appeler...

Michel téléphone, je le vois bientôt ricaner comme un débile.

— Quel abruti ! fait-il en raccrochant. On ne doit pas s'habiller en court, on a rendez-vous à Bi-llan-court ! Aux studios de Billancourt !

— Ah ben alors, ça roule ma poule ! Tiens, on va boire un coup pour fêter ça.

Tout ce ramdam pour faire un violoniste en ombre chinoise sur une chanson de Johnny Hallyday...

Après *Une fille dans ma soupe*, j'enchaîne par une autre pièce de boulevard, *Galapagos*, de Jean Chatenet, toujours au théâtre de la Madeleine. Cette fois, je joue avec Nathalie Baye, qui débute aussi, et Bernard Blier. Je crois que c'est lors d'une représentation de *Galapagos* que Bertrand Blier, le fils, me repère. Bertrand avec lequel je tournerai bientôt *Les Valseuses* dont le succès monumental me dispensera à jamais de forcer les portes des producteurs pour décrocher un rôle de merde.

Stop ! Stop !... Vous me faites peur !

C'est Claude Régy, avec lequel je commence à répéter *Saved*, la pièce d'Edward Bond où je suis un truand, qui me dit un jour : « Au fait, va voir Marguerite Duras, elle veut te rencontrer. — C'est qui ? — Tu ne sais pas qui est Marguerite... — Ben non, je sais pas ! — Bon, bon, c'est pas grave, ne t'énerve pas, je te donne son adresse, tu dis que tu viens de ma part. » Régy, je lui faisais peur en ce temps-là, je n'étais pas comme maintenant, apprivoisé et gentil, on ne pouvait pas savoir ce qui allait se passer dans ma tête, aussi bien je balançais un coup de boule ou je démolissais une porte.

Je vais rue Saint-Benoît sur ma première moto, c'est fini la mobylette, je sonne au troisième étage et je vois une petite bonne femme avec un col roulé qui m'arrive au nombril. J'avais une grosse peau de bête, les cheveux très longs et des bottes fourrées de moujik.

— C'est Claude Régy qui m'envoie, je dis.

Elle s'en va au fond de l'appartement.

— Avancez sur moi.

J'avance sur elle. J'avance, j'avance. J'attendais qu'elle me dise «stop». Et c'est au moment où je la coince complètement, où elle regarde mes narines, où je vais l'écraser, que je l'entends :

— Stop ! Stop !... Vous me faites peur ! Ça va, c'est vous, c'est le personnage. Reculez maintenant.

Elle me dit de la suivre, me fait entrer dans une pièce, me demande de m'asseoir, et là elle m'explique qu'elle a besoin de quelqu'un qui sera voyageur de commerce dans son prochain film, un type qui vendra des machines à laver *Machina tambour 007*.

— Je pensais donner le rôle à François Périer, mais c'est vous, c'est vous... Vous me faites peur, c'est vous...

— Mais là je travaille avec Claude Régy...

— Attendez, taisez-vous... Voyageur de commerce... Dans votre voiture, il y a une chemise blanche qui sèche. Vous vous changez dans votre voiture, vous *vivez* dans cette voiture. Une fourgonnette... Vous en descendez et vous entrez dans une maison. Vous entendez des notes de piano. Il n'y a personne, alors vous faites le tour de la maison. Vous montez à l'étage, vous poussez une porte, et là vous voyez une femme allongée... Ce sera Lucia Bosè, vous connaissez Lucia Bosè ?

— Non.

— Une très belle femme... Vous ne l'interrogez pas, vous la regardez seulement... Vous entendez le piano. Vous redescendez. Au rez-de-chaussée, vous entendez du bruit, vous poussez une porte, et là vous découvrez une femme en train de faire la vaisselle... Ce sera Jeanne Moreau. Vous connaissez Jeanne Moreau ? Oui, vous la connaissez, tout le monde connaît Jeanne Moreau. Elle se tourne vers vous, elle vous demande ce que vous faites là, ce que vous voulez... Vous êtes avec votre serviette, un costume, une cravate, un pardessus. Vous dites que vous êtes là pour vendre un tout nouveau modèle de machine à laver le linge, une *Machina tambour 007* : « Vous ne serez plus gênée par le bruit avec cette machine, dites-vous, elle est très silencieuse. » Jeanne Moreau vous fait asseoir, la petite qui jouait du piano descend, puis Lucia Bosè, la mère de l'enfant, vous rejoint également. Alors vous leur parlez des qualités de votre machine à laver...

— ...

— Vous m'écoutez ?

— Oui, je vous écoute. Votre façon de parler, vos silences... je cherche ce que ça me rappelle...

— J'ai écrit le texte, vous allez me le lire. Tenez ! Allez-y, lisez !

Je vois que le film s'appellera *Nathalie Granger*, et je lis le texte à voix haute.

— C'est vous, répète-t-elle quand j'ai fini. Soyez demain matin à 7 heures à Neauphle-le-Château, nous tournerons aussitôt... Mais comment allez-vous venir ?

— Sur ma moto.

— Ah, très bien, alors à demain. Vous n'avez pas l'âge du rôle, j'aurais préféré quelqu'un de plus vieux, mais c'est vous, c'est vous...

C'est comme ça que j'ai connu Marguerite, et après on ne s'est plus quittés. J'ai réparé ses chiottes, débouché son évier, repeint ses chambres de bonne. « Tiens, tu tombes bien, enlève ton blouson et pose ton casque, on va repeindre cette chambre... Je viens de l'acheter pour loger des réfugiés politiques. » Son grand truc, c'était d'acheter des chambres de bonne. Mais elle ne les prêtait pas, elle les louait. Elle aimait bien le pognon, Margotton.

Un jour, je la trouve en train de travailler, dans sa robe pied-de-poule, avec ses grosses lunettes, penchée sur son tas de papier comme une grenouille.

— Je passais, j'ai envie d'un café...

— Oui, oui, eh bien, va le préparer, j'arrive.

— Qu'est-ce que tu fais là encore à tout raturer ?

— Je suis en train de réécrire *Suzanna Andler*.

— Mais pourquoi ? Je l'ai pas lue ta pièce, mais elle vient d'être jouée...

— Pourquoi ? Pourquoi ? Parce que je trouve que c'est pas bon du tout... Qu'est-ce que tu as lu de moi ?

— *Les Petits Chevaux de Tarquinia*, je trouve ça magnifique.

— Ah bon, tu aimes ? Moi, je n'aime pas...

— Ce que j'aime, ce sont ces conversations anodines, la pesanteur de l'été, l'inertie des femmes, les paroles de ces femmes sur leurs hommes, les silences, la chaleur, le temps qui ne passe pas... J'ai lu *L'Étranger* – j'ai retrouvé dans Camus des choses de toi, sur la lumière, la chaleur, l'immobilité du temps.

— Dans Camus tu as retrouvé des choses de moi ? Eh bien, tu vois, je n'aime pas *Les Petits Chevaux de Tarquinia*, mais c'est tout de même beaucoup mieux que Camus.

Cent vingt millions

Sur *Les Valseuses*, je me suis imposé. C'était un roman de Bertrand Blier, tout le monde savait qu'il allait tourner son propre bouquin, je suis allé l'acheter et je l'ai lu. « Putain, j'ai dit, le personnage de Jean-Claude, c'est moi... Ces deux mecs qui se font chier, qui harcèlent les filles, qui volent des bagnoles, qui se bourrent la gueule tous les soirs, c'est ma vie, ça, c'est ma vie... Ils ne le savent pas, faut que je leur dise. »

Je suis allé chez Paul Claudon, là-bas, aux Invalides, c'est lui qui allait produire le film, et j'ai fait le siège pendant un mois, un mois et demi. Ils auditionnaient tous les jours. Pour interpréter Jean-Claude, ça devait être Coluche, et pour son pote Pierrot, l'autre voyou du livre, ils avaient pratiquement retenu Patrick Dewaere.

J'étais là tous les jours, j'aimais bien l'ambiance des bureaux, des auditions. Je disais : « C'est pas

pour lui, le rôle, là, c'est pour moi, c'est ma vie...
Putain, les mecs, regardez-moi ! » Blier ne l'a pas
vu tout de suite, il me connaissait, il m'avait vu sur
scène, mais il pensait que j'étais un acteur agricole,
un paysan mal dégrossi, ce qui était vrai d'ailleurs...
mais pas seulement. Dans le même temps, je jouais
Saved, sous la direction de Claude Régy, au Théâtre
national de Chaillot, et Régy, c'est tout le contraire
du paysan.

Quant à l'autre con, Paul Claudon, il pensait
que c'était un coup à se faire piquer sa Porsche.
« Je ne veux pas de ce type-là, il répétait, il va faire
peur aux femmes, c'est un voyou. »

Et puis finalement, Blier a vu le truc et c'est lui
qui m'a imposé à la place de Coluche.

Quatre-vingt-cinq mille entrées rien que la première semaine et *Le Point* qui me classe parmi
les cent personnalités qui vont compter dans
les années à venir. C'est comme ça que j'ai pu
avoir mon crédit : j'ai pris le journal et je suis allé
voir mon banquier. Cent vingt millions de francs,
j'ai emprunté le maximum, et on a acheté la maison de Bougival.

Une grande baraque, dans cette banlieue bourgeoise de merde où Guillaume a trouvé plus tard
la drogue et tout le reste... C'était une connerie,
mais je ne pouvais pas savoir.

Jouer

« Je ne sais rien de moi à l'avance, mes aventures m'arrivent quand je les raconte. » C'est Claude Régy qui me fait découvrir Peter Handke, et Handke, tout ce que je lis de lui me parle de moi. En lisant *Le Malheur indifférent*, le récit du suicide de sa mère, je comprends pourquoi j'ai perdu la parole à dix ans. Sa mère se suicide à cinquante et un ans après une vie déserte. Quand elle était enfant, elle suppliait « qu'on lui permette d'apprendre quelque chose » – mais personne ne l'entendait, personne ne l'écoutait. À travers les phrases de Peter Handke, je comprends comment je m'avance à mon tour à tâtons dans les ténèbres de ma vie. Il met des mots sur ce qui me traverse, je ne comprends pas tout mais je m'en fous. Sa musique me porte, elle est l'expression de ma pensée secrète et j'aurais pu écrire avec lui quelques-unes de ces phrases si belles qui me résument : « Maintenant je ne suis plus que lourd, pesant, ecchymosé de moi-même[1] », ou encore : « Tu n'étais pas un tricheur, mais pour nous, ton frère et ta sœur, tu as été, en général, un vainqueur cruel[2] », ou encore : « Les parents s'en sont toujours plaints : il n'est que pour lui, et il ne veut rien savoir de personne. Il est plein de compassion, et pourtant, à la longue, il ne peut pas souffrir les faibles. » Etc. Etc. Il n'y a rien d'intellectuel chez Handke, et chez Duras non plus. Les silences de Duras, je les entends, ils sont pour moi, je les attends pour respirer ; les vides de Duras me parlent mieux que des mots. Les intellectuels, je ne les comprends pas. Mais mon cœur bat mystérieusement à l'unisson de Duras et de Handke.

Handke, c'est difficile à lire, c'est même très chiant à lire, mais quand tu le joues, d'un seul coup la salle est en apnée, tétanisée, c'est une émotion incroyable, c'est ça le théâtre... Ça ne se lit pas, ça se dit. Tous ces putains de dramaturges qui t'emmerdent, qui vont t'expliquer par A + B qu'il a écrit ça parce que ci, parce que ça... Va chier ! Joue-le ! Respire-le !

Tiens, écoute bien ma voix sur les mots de Handke, dans *Les gens déraisonnables sont en voie*

---

1. Peter Handke, *Les gens déraisonnables sont en voie de disparition* (référence complète de l'ouvrage en page 6).
2. Peter Handke, *Par les villages* (référence complète de l'ouvrage en page 6).

de disparition. Dans un moment, je vais me mettre à parler, mais ce moment-là, c'est le public qui me le donne. Je suis seul dans la lumière. Qu'est-ce qu'il peut attendre de plus, le public, que de savoir ce que je vais dire ? Il vient de s'installer, il faut lui laisser le temps, ne pas exister trop vite. Lui laisser le temps de se débarrasser de la ville, de la fatigue, du métro, des *bonjour-bonsoir*. Et aussi de la question de savoir ce qu'il fout là. Il a acheté son billet. Ah, mais Peter Handke, c'est qui déjà celui-ci ? Il a le programme, il y jette un coup d'œil, il se penche à l'oreille de sa voisine. Toi, tu es toujours là dans la lumière, silencieux et seul. Le public commence sérieusement à se demander ce que tu vas dire, et maintenant il essaie de détecter chez toi la peur, et tout en te scrutant il pense : « Est-ce qu'il n'a pas encore grossi depuis la dernière fois ?... » Alors l'autre comédien entre, mon valet dans la pièce, Hans, avec son gilet de guêpe jaune et noir et son plateau. Lui non plus ne sait pas quand je vais parler. Il est chargé de son texte, il n'a qu'une envie, c'est de se libérer. Mais moi, je m'assois tranquillement dans le fauteuil et lui il est là avec sa serviette et sa bouteille de Perrier. Il me regarde, il attend, raide comme un bâton. J'entends son souffle de peur, sa hâte d'exister. Mais pourquoi exister si vite ? Tiens, je me dis, je vais le faire chier, je vais prendre encore un peu de temps. Maintenant la salle est figée dans l'attente, tu entendrais une mouche voler.

Alors je sens venir la première phrase en moi, elle remonte lentement du fond de mon âme. Je vais la dire. Le moment de la dire est enfin venu :

« — Je suis triste, aujourd'hui.

— Oui, et alors ? intervient Hans.

— J'ai vu ma femme en peignoir, ses ongles de pied vernis, et je me suis tout à coup senti seul. C'était une solitude si palpable que je peux en parler tout naturellement. Elle me soulagea, je m'émiettai, me fondis en elle. La solitude était objective, une caractéristique du monde, non une de mes particularités à moi. Tout se tenait détourné de moi, en une douce harmonie. En chiant, j'entendais mes propres bruits comme ceux d'un inconnu dans une cabine à côté. Lorsque je pris le tramway pour aller au bureau, [...] la triste courbe que le tramway décrivit, un vaste arc de cercle, me blessa le cœur comme un rêve de nostalgie[1]. »

« N'oubliez pas que c'est la dernière fois que vous prononcerez ces mots, car après ça, vous mourrez », nous dit Claude Régy à chaque répétition. Oui, après ça, nous mourrons, je suis d'accord, chaque

---

1. Peter Handke, *op. cit.,* note 1 p. 100.

soir nous devons mourir sur la scène après le dernier mot prononcé.

J'incarne les mots de Handke, ils sont devenus les miens, je suis Quitt, son personnage, président tout-puissant d'une multinationale, et pendant les trois heures que dure la pièce je suis cette page blanche sur laquelle se sont imprimés les mots de Quitt, j'ai oublié le travail pour apprendre la pièce, je suis devenu cet homme, je parle avec sa voix, je parle avec ses mots, je respire avec son nez, c'est son cœur qui bat dans ma poitrine, et après trois heures sur scène, c'est moi, Quitt, qui vais me jeter la tête la première contre le rocher pour parvenir à échapper à moi-même parce que je n'en peux plus d'être l'homme que je suis.

À deux reprises je vais me fracasser la tête contre le rocher, avant de tomber mort, enfin, et après avoir prononcé ces derniers mots :

« Je veux, je vous en prie, ne plus rien signifier, ne plus être un personnage de l'action. Mourir de froid une nuit de mai. Tenez, regardez, ce sont des photos de moi : sur toutes j'ai l'air joyeux et pourtant je ne le fus jamais. Connaissez-vous cette impression qu'on a quand on a mis sa culotte à l'envers ? Une fois j'ai été heureux : quand j'ai rendu visite à quelqu'un dans une HLM et qu'au cours d'un long silence dans la conversation j'ai entendu la chasse d'eau de l'appartement voisin. J'en suis devenu musicien, à force de bonheur ! Oh, que je vous enviais vos après-midi somnolents dans les HLM avec le ronflement mystérieux de l'eau dégorgeant dans les lunettes des WC ! Ce sont là les endroits dont j'ai la nostalgie : les tours d'habitation en bordure de ville avec les cabines téléphoniques éclairées dans la nuit. Aller dans un hôtel d'aéroport et s'y faire recueillir tout simplement. Pourquoi n'existe-t-il pas d'établissement de dépersonnalisation ? Combien c'était beau jadis d'ouvrir une boîte de cirage neuve ! Et je pouvais encore m'imaginer achetant un sandwich au jambon, visitant des cimetières, ayant quelque chose en commun avec quelqu'un. [...] Le cerveau est-il solide, liquide ou gazeux[1] ? »

La pièce dure trois heures, mais après quelque temps je réussis à la jouer en une heure quarante-cinq et Handke, qui est dans la salle, m'écrit un petit mot que j'ai encore là : « C'est la première fois que ma pièce est jouée comme elle devrait l'être chaque soir. » En coupant simplement les autres comédiens qui prennent trop de temps, hop, je leur bouffe dix phrases. Ce n'est pas gênant, on comprend puisque je reprends ce qu'ils s'apprê-taient à dire, mais rapidement, furtivement, comme

1. Peter Handke, *op. cit.*, note 1 p. 100.

dans une conversation sur le trottoir, et ainsi je parviens à ce que la tragédie de la pièce entre soudain dans la vraie vie, dans notre quotidien – exactement comme on joue une pièce de boulevard. Si tu as intégré la tragédie, si tu en portes en toi tous les ressorts, alors tu peux la jouer à la façon du boulevard, c'est bien plus fort, bien plus déchirant. Une fois le rideau tombé, le mec est furieux :

« Mais tu ne m'as pas laissé finir ! Pourquoi tu m'as coupé ? — C'est pas moi qui t'ai coupé, c'est toi qui étais trop long. » Pour faire ça, il faut connaître les répliques de l'autre. Beaucoup d'acteurs ne connaissent que leur rôle – moi, j'avale toute la pièce. Du coup, quand il y en a un qui a un trou, je peux dire le truc à sa place. Je me souviens que Jean-Luc Bideau, qui jouait Koerber-Kent, le prêtre, arrivait parfois sur scène un peu bourré et que j'attrapais ses répliques à la volée en ajoutant : « C'est bien ce que vous vouliez dire, n'est-ce pas ? » Et Bideau riait, riait, et personne dans la salle ne voyait le truc.

Un soir, je me suis endormi sur scène. Il y a un moment, dans *Les gens déraisonnables...*, où Patrice Kerbrat qui jouait Hans, mon valet, lit une longue tirade du livre d'Adalbert Stifter, *L'Homme sans postérité*. Je savais qu'il y en avait pour cinq à sept minutes, je l'écoutais les yeux fermés, et à un moment je n'entends plus rien. Je me dis :

«Merde, je me suis endormi, il cause plus ce con...»
J'ouvre les yeux, je les vois tous qui me regardent...
Andréa Ferréol, qui jouait ma femme, avec de la
sueur partout, Patrice Kerbrat, livide, au bord de la
syncope... tu vois qu'un acteur, c'est vraiment con
parce que rien ne l'empêchait de me pousser. Mais
non, il était là, il m'avait vu piquer du nez, l'écouter
en dormant, et il ne bougeait pas, il attendait... Bien
sûr, il ne faut pas le jouer : «Hé, tu dors !», non, il
faut rester dans son rôle et inventer un mouvement.
La Ferréol, pareil, incapable de rien tenter, pétrifiée... Je me suis dit : «Bon, je ne vais pas m'amuser
à parler maintenant, si je parle maintenant tout le
monde va s'apercevoir que j'ai dormi», donc je suis
resté encore un bon moment à me taire, à regarder
ici et là, les bras croisés, comme si tout ça était très
normal, et tranquillement je me suis tourné vers
Kerbrat : «Comme c'est loin de nous...» Et j'ai
repris comme ça, les gens n'y ont vu que du feu.

Si tu es aussi à l'aise sur scène que dans la vie,
les gens vont continuer de te suivre quoi qu'il
arrive, quoi que tu fasses. Quand je jouais *La
Bête dans la jungle* de Henry James, avec Fanny
Ardant, j'avais un micro dans l'oreille parce que
je n'avais pas envie d'avoir à penser au texte que
j'avais à dire. J'étais absolument le personnage,
mais les mots m'arrivaient dans l'oreillette, soufflés
par Constance, l'assistante du metteur en scène.

À un moment, mon oreillette se décroche, et c'est à moi de parler. Je me dis : « Merde, je vais chercher mes mots, ça ne va pas sonner juste... » Alors tranquillement je me suis levé et je suis sorti de scène... J'ai vu rappliquer la Constance :

« Mais t'es fou ! T'es fou ! Qu'est-ce que tu fais ?

— Ça va, mon chou, ça va, mon micro, remets-le-moi s'il te plaît. » Je suis revenu, Fanny n'avait pas bronché, elle souriait, très détendue, impeccable, j'ai pris le temps de me rasseoir, de lui rendre son sourire, et la salle ne s'est aperçue de rien.

Le Chant du monde

J'aurais pu être père à quinze ans, j'adorais les enfants, dès que j'ai rencontré Élisabeth j'ai voulu des enfants. C'est comme ça quand tu n'as pas été désiré, quand tu n'as pas eu d'enfance, tu t'échappes, tu te projettes dans les choses qui sont belles, un enfant, un arbre, un paysage, une rivière, une musique, une vache, un chat... tout ce que tu découvres, qui parle ou ne parle pas, mais qui est la vie.

Chez Giono il y a ça... *Le Chant du monde.* À douze ans je traîne la nuit dans les bars et les fêtes foraines, je me demande ce que se racontent les gens derrière les fenêtres éclairées, et pour moi c'est ça « le chant du monde ». Je ne lui donne pas ce nom-là, je n'ai pas l'idée de le nommer, mais quand je tombe un jour sur le livre de Giono, par hasard, à la sortie d'un bahut, tous les lycéens sur le trottoir avec ce livre-là sous le bras, c'est comme une illumination : *Le Chant du monde*, merde, ce livre-là, je le veux ! J'imagine que c'est quelque chose de biblique, qui va enfin m'expliquer le sens des choses, ce que je fous sur la terre. Mais c'est beaucoup plus que ça, Giono. Giono, c'est l'homme qui m'ouvre les yeux sur l'immensité qui nous entoure, sur ces déchaînements que je pressentais mais ne connaissais pas : la force des rivières, la touffeur des forêts, le souffle des montagnes, le vent, la pluie, les orages... et nous les hommes qui cheminons par des sentiers escarpés à travers ce chaos somptueux pour y construire nos maisons, nos villages, nos amours, puis mettre des enfants au monde qui à leur tour... Quand je découvre Giono, je veux en être. Je veux être un de ces hommes qui remontent le courant des rivières comme des poissons, traversent les forêts sans crainte, gravissent les montagnes avec ardeur. Je veux vivre, aimer une femme, construire ma maison et avoir des enfants.

Guillaume naît le 7 avril 1971. Je n'ai presque rien fait encore, je suis le bouseux à mobylette qui court après les petits rôles. Quand Julie vient au monde, le 18 juin 1973, c'est un peu mieux, je suis au théâtre avec Claude Régy et j'ai tourné *Nathalie Granger* avec Marguerite Duras.

Les Valseuses, en 1974, m'apporte la réputation et le pognon. C'est le film qui me fait connaître de Bernardo Bertolucci. Il s'apprête à tourner une fresque qui racontera la première moitié du XXe siècle en Italie à travers les destins croisés de deux garçons nés le même jour, en 1900, sur une grande propriété terrienne d'Émilie-Romagne. L'un, Alfredo, est le fils gâté du propriétaire, qui finira fasciste ; l'autre, Olmo, le fils bâtard d'une famille de métayers attachée à la propriété, qui deviendra communiste. Robert De Niro a accepté de jouer Alfredo, et Bertolucci me veut pour Olmo.

C'est à l'occasion de ce film, *1900*, que je commets mon premier grand hold-up dans le travail. J'apprends combien De Niro sera payé, or Bertolucci me propose moitié moins. Serge Rousseau, mon agent à l'époque, a l'air de trouver ça normal :

— De Niro a déjà tourné une dizaine de films, il est bien plus connu que toi.

— Je m'en fous, je veux la même chose que l'Américain, cent vingt mille dollars ou je ne fais pas le film.

— Mais Gérard tu es cinglé ! Comment peux-tu...

— La même chose que l'Américain ou je ne le fais pas.

Moi, je ne rêve pas d'être acteur, c'est ça qu'ils n'ont pas compris les mecs. Moi, je rêve de survivre. J'ai fait acteur pour sortir de l'analphabétisme, j'aurais aussi bien pu faire autre chose, ça m'est tombé dessus par hasard, j'ai rien choisi. Je n'ai rien, il faut bien que je me bouge le cul. Ce n'est pas pour avoir tout, parce que tout ne m'intéresse pas. Mais la vie m'intéresse, putain ! Celle dont me parle Giono. Ce qui m'intéresse, c'est la surprise de la vie, sans arrêt ! Sans arrêt ! S'ils ne veulent pas payer, je m'en fous, je me tire, je vais faire autre chose. La surprise de la vie, oui, voilà. « Bertolucci veut du talent ? Ben le talent, ça se paye ! Allez, va, mon petit Serge, va lui dire ça et ramène-moi le pognon. » Et Bertolucci cède, il me donne la même chose qu'à l'Américain.

Mais quand je tourne *Mammuth*, trente-cinq ans plus tard, je ne prends pas un rond. Si j'avais demandé à être payé, le film n'aurait pas pu se faire – j'ai fait en sorte qu'il se fasse. Et Isabelle Adjani pareil. *Mammuth*, c'est un rôle qui m'est tombé sur la tête. J'ai ouvert le scénario, commencé à lire : l'histoire d'un type analphabète, amoureux de sa femme, qui part à la recherche de ses bulletins de paye dans toutes les taules pourries où il est passé pour essayer de toucher sa retraite. Il ressort la bécane de ses vingt ans, une antique Munch, il embrasse sa Catherine, sa Lilette, et roule ma poule ! « Mais merde, j'ai dit, c'est mon père, ça ! C'est le Dédé ! » On s'est vus avec Benoît Delépine et Gustave Kervern, les réalisateurs, et petit à petit je les ai amenés sur la route du Dédé.

Ce film, c'est peut-être ma plus belle aventure depuis mes débuts d'homme libre.

Une honnêteté totale, comme chez Handke, comme chez Pialat. Le souci de dire l'indicible, ce que jamais ils ne te diront, nulle part, parce qu'ils ont peur de ce qu'ils sont devenus depuis l'enfance, des rats, des envieux, des méchants. Peur des pensées qui les traversent.

Tiens, écoute bien, je te fais la scène, tout est dedans. Le Serge du film, le Dédé que j'incarne, arrive chez un de ses anciens employeurs, un viticulteur. Le type lui sert un verre de vin.

— Alors, qu'est-ce t'en dis ?

— Il est bon !

— Non, c'est de la merde. J't'ai choisi la pire cuvée, la 82. Une vraie flotte.

— Ben... j'le trouve pas mal quand même.

— Pfuttt ! À ton avis, pourquoi on t'a pas déclaré à la Caisse de retraite agricole, hein ? Cherche bien.

— Ben... Parce que j'suis pas agriculteur.

— Et pourquoi t'es pas agriculteur ?

— Ben... parce que j'ai pas le diplôme.

— Et pourquoi t'as pas le diplôme ?

— Parce que j'ai pas le bac.

— Pourquoi t'as pas le bac ?

— Ben... parce que l'école me faisait chier, quoi.

— Et pourquoi elle te faisait chier l'école ?

— Ah ben ça... Oui... Parce que les profs m'em-merdaient, quoi.

— Pourquoi ils t'emmerdaient les profs ?

— Ben... parce que j'y comprenais rien... J'y comprenais rien.

— Et pourquoi qu't'y comprenais rien ?

— Ben... parce que... parce que...

— T'as qu'un mot à dire.

— Ben... j'sais pas, moi, j'sais pas.

— J'vais t'aider : parce que t'es con !

— Ah...

— C'est simple, j't'ai pas inscrit parce que t'es con, complètement con[1].

D'un côté un monde où il n'y a pas de mots, de l'autre un monde où il y en a trop. Ceux-là ne perdent pas la parole, comme le Dédé, comme moi à douze ans, mais ils passent à côté de la vie. Leur vie, je n'en veux pas, ils peuvent se la garder, c'est de la merde.

---

1. *Mammuth*, film scénarisé et réalisé par Gustave Kervern et Benoît Delépine, 2010.

Comment échapper à la connerie ?

Tu te maries à vingt et un ans, tu es père à vingt-deux, tu bosses comme un bœuf, tu ne vois pas ton enfant, après tu en as un autre... Élisabeth, Guillaume et Julie : je les emmène tous les trois en Italie, sur le tournage de *1900*. Sept mois de tournage. Le film a coûté neuf millions de dollars et il dure plus de cinq heures. Ce sont des mois plutôt joyeux, Élisabeth et les enfants habitent Rome pendant que je tourne dans la campagne, c'est l'été, puis l'automne, je les rejoins quand je peux, Élisabeth aime l'Italie, moi aussi, je ne cours plus après le fric et nous n'avons pas encore les contraintes de l'école pour les petits.

C'est au retour que ça se gâte. Guillaume entre à l'école dans cette banlieue ouest qui pue la prétention et le mensonge, et moi je me coupe la bite avec un couteau électrique dans *La Dernière Femme* de Marco Ferreri. C'est Marcel Aymé dans les cours de récréation, là-bas, chez les bourgeois : il fait pas bon être juif, arabe ou nègre. Être le fils de Depardieu est aussitôt lourd à porter pour Guillaume. Ni lui ni Julie ne rapporteront jamais à la maison tout ce qu'ils entendent, ce ne sont pas des mouchards, mais ils laissent échapper des bribes et c'est bien suffisant pour deviner ce qu'ils encaissent. Quand tu fais des films comme *Les Valseuses* (1974), *Maîtresse*, de Barbet Schroeder (1975), ou *La Dernière Femme* (1976) ; quand tu joues les petits truands, les baiseurs, que tu te coupes la bite avec un couteau électrique ; quand tu interprètes Handke au théâtre et que tous les soirs tu balances ce que je balançais ; quand tu te pointes sur les plateaux de télévision avec Gainsbourg ou Coluche, eh ben, ça finit par déranger dans la banlieue ouest.

Là-bas, c'est le paraître et le faux cul, ils ont quarante ans et ils sont déjà morts. Jamais ils n'iront au bout d'eux-mêmes. Ils ont leur boulot, leurs deux gniards, bobonne qui se fait tringler par le mec qui passe et l'autre con de mari qui rentre de chez sa maîtresse la queue basse pour se coucher à côté d'une femme qu'il ne touche plus. Le samedi, c'est barbecue sur le gazon, et le dimanche soir engueulade. C'est ça la banlieue ouest. Guillaume et Julie l'ont compris très vite. D'ailleurs, Guillaume se barrait toujours à Paris sans que je le sache. À douze ans, il faisait comme moi au même âge, il se tirait, il prenait le train, il passait la nuit dehors et il rentrait le matin pour aller à l'école. Après, il a entraîné sa sœur, elle n'était pas tout à fait d'accord, mais elle y est allée quand même. Et après, il y a eu les malentendus, les mensonges, la drogue... Moi, je n'étais jamais là, c'est la mère qui a tout pris.

Au début, quand Guillaume était petit, on a tenté d'en rire. Il a tenté d'en rire, lui aussi, et d'en faire marrer ses copains d'école. Il y avait des postiches de bite à la maison, tu la coupes et le sang jaillit. Guillaume sortait la boîte à postiches et les gamins jouaient avec ça. Ça peut sembler marrant, mais il se passait forcément quelque chose dans sa tête quand il s'entendait dire : « Tiens, ça, c'est la quéquette de mon père dans le film, je vais la couper et tu vas voir. Regarde bien ! »

J'ai voulu leur donner la liberté, comme moi je l'avais eue, mais je pense que ça a été dur pour eux d'être libres derrière une espèce de con comme moi qui passait son temps à bousculer les braves gens, à leur montrer des choses qu'ils n'avaient pas envie de voir, à leur dire des choses qu'ils n'avaient pas envie d'entendre. C'était plus facile pour moi d'être le fils du Dédé qui ne dérangeait personne que pour eux d'être les enfants de Depardieu. Toute la difficulté, c'est de trouver comment échapper à la connerie de ce que les gens racontent sur un type comme moi. Comment échapper à ça quand tu es petit ? Ça abîme tout, ça pervertit tout. Tu as six ans, huit ans, qu'est-ce que tu veux répondre à un morveux qui te dit que ton père est un voyou, un pervers, un assassin qui va foutre en l'air l'ordre moral – enfin tout ce que le gosse a entendu dire chez ses parents ? Et bientôt, en plus de tout ça, que je suis l'ami des dictateurs parce que je dîne avec Fidel Castro, en attendant de bouffer avec Poutine, qui sont mes amis, c'est vrai. Et alors ? Tous ces gens n'ont rien compris, c'est terrifiant. La vérité, c'est que je n'ai pas changé d'un iota de ce que j'étais à douze ans. Je continue de mener ma vie de la même façon, d'être l'ami de qui je veux, sauf que tout cela retombe sur la tête de mes enfants.

Bon, mais je ne vais certainement pas m'user à culpabiliser. Il y a longtemps que j'ai chié sur la culpabilité. C'est pour ça qu'à un moment j'ai fini par dire à Guillaume et à Julie : « Mais enfin merde, qu'est-ce que vous voulez à la fin ? Changez de nom, bordel, si ça vous gêne. Je comprends que ça puisse être pénible d'avoir ce nom s'il y a des connards qui sont là toute la journée... » Je leur ai dit et répété. Il y a plein d'artistes qui ont changé de nom et les enfants sont tranquilles à l'école.

La famille, cette saloperie

Guillaume, ses demandes, ses souffrances, j'ai mis du temps à les comprendre, et je n'ai pas su y répondre. J'ai mis du temps à devenir père, au début je n'ai pas su, j'ai fait comme j'avais vu faire le Dédé, c'était mon seul modèle – le laisser libre, comme le Dédé m'avait laissé libre.

Moi, c'est la vie qui m'a tanné. Elle m'a permis de développer des instincts, des intuitions. J'ai su me protéger, lire dans le regard de l'autre, éviter les coups tordus, les grosses conneries. Je suis devenu un instinctif, un redoutable instinctif, je crois. Guillaume, je ne l'ai pas suffisamment habillé pour le mettre à l'abri du feu. J'étais encore un trop jeune père, je n'ai pas su lui expliquer les chemins de traverse, les sorties de secours. J'aurais dû lui dire : «Attention, là, barre-toi, tu vois la sortie, eh bien, prends-la tout de suite, sinon tu vas te brûler les ailes, mon chéri. »

Quand il était petit, combien de fois je l'ai empêché de toucher au feu : « Non, Guillaume, ça brûle », en prenant sa petite main dans la mienne. Mais « brûler » il ne savait pas, c'était un mot qui ne voulait rien dire pour lui. Un jour, je l'ai prévenu : « Tu vas te brûler, Guillaume », il m'a regardé, il a continué d'approcher son doigt de la flamme, et cette fois je l'ai laissé faire. Il s'est vraiment brûlé, et il a hurlé. Après, il m'en a voulu. Je l'ai pris sur mes genoux, j'ai essayé de lui expliquer : « Il fallait que tu le fasses, mon Guillaume, je ne peux pas toujours t'empêcher, il faut que tu la connaisses, la brûlure. » Malheureusement, Élisabeth a gâché ce moment en se mettant à m'engueuler : « Mais t'es complètement malade ! Il a trois ans, comment veux-tu qu'il comprenne ? Donne-moi cet enfant ! Viens dans mes bras, mon chéri », etc., etc.

Élisabeth est hypersensible, très émotive, elle a peur de tout, ce n'est pas le genre de choses qu'elle peut supporter. En même temps, je le comprends, voir son petit se brûler et ne pas bouger... Je le comprends, mais là, c'était ce qu'il fallait faire et, en m'engueulant, elle nous a mis Guillaume et moi dans une position intenable.

La scène s'est beaucoup répétée par la suite, jusqu'au jour où Guillaume m'a menacé avec un couteau, à l'adolescence. Comme avec le feu, je lui ai dit : « Ben approche donc avec ton couteau !

Viens ! Viens ! Tu vas voir ce qui va t'arriver, comme ça tu vas apprendre. » Mais de nouveau Élisabeth s'est mise à hurler et on a basculé en pleine folie – Guillaume avec son couteau, sauvé par sa mère de la confrontation avec son père. Rien que le fait d'empêcher ça, comme l'a fait Élisabeth, c'est laisser l'autre partir dans son délire...

C'était déjà compliqué de n'avoir pour modèle de père que le Dédé, mais face à un modèle de mère que je ne connaissais pas, possessive, angoissée, hystérique, si loin de la Lilette, je me suis senti impuissant. Complètement impuissant. Et j'ai fini par sortir mon épingle du jeu. Je les ai laissés un peu à la traîne, Guillaume et Julie, c'est vrai.

Vingt ans plus tard, quand j'ai eu Roxane avec Karine Sylla, en 1992, j'ai mieux su faire. Et puis là j'ai vu combien les choses peuvent être différentes selon la mère. Karine a reçu une éducation à l'africaine, toujours beaucoup de monde autour des enfants, une grande liberté, pas d'inquiétude, pas d'hystérie. J'ai dû être un meilleur père aussi. En tout cas, Roxane a réussi à capter cette liberté, elle est à l'aise partout, comme moi je l'étais. Avec elle, la relation a été tout de suite plus facile. Comme avec Jean, d'ailleurs, mon quatrième enfant que j'ai eu en 2006 avec Hélène, la fille de François Bizot.

Avec aucune des trois femmes qui m'ont donné des enfants je n'ai fait une famille. Je n'aime pas l'idée de la famille. La famille, c'est une abomination, ça tue la liberté, ça tue les envies, ça tue les désirs, ça te ment. C'est un peu comme l'image à la télévision, elle te ment. L'idée même de la famille est un mensonge. Ça prétend, ça paraît, mais ça chasse l'être, ça l'anéantit. C'est une saloperie, la famille, c'est le phylloxéra de la vie, c'est un champignon qui détruit tout. Ma généalogie, elle est ailleurs. En Russie, en Chine. Pourquoi d'un seul coup, une jeune Chinoise, je me mets à éprouver une attirance pour elle ? Pas seulement physique, mais d'âme à âme ? Alors que nous n'avons aucune langue en commun. Pourquoi je ne supporte pas la chaleur ? Je vis très bien dans le froid, à moins vingt degrés je suis très bien. Je ne sais pas d'où ça vient... Est-ce qu'il y aurait des culs gelés chez moi ? Sans doute. Ma famille, je la sens plutôt vers la Russie, vers la Chine, par là-bas...

Même avec Élisabeth, je n'ai pas fait de famille. Je voulais des enfants, mais pour la suite je ne savais pas – « Je ne sais rien de moi à l'avance, mes aventures m'arrivent quand je les raconte. » D'ailleurs, dès le début, notre histoire ne ressemblait à aucun modèle : la fille de grands bourgeois qui épouse un petit voyou analphabète, elle-même artiste dans un milieu où ça ne se fait pas trop, et puis moi qui me mets à gagner très vite beaucoup plus de pognon que mon beau-père, pourtant polytechnicien. Rien n'était normal chez nous. Guillaume et Julie ont grandi entre le modèle de notre singularité, la mienne surtout, c'est vrai, et la rigidité hypocrite des familles de connards qui nous entouraient à Bougival et dans toute cette banlieue. Je suppose qu'ils ont souffert de ne pas bien savoir quoi choisir, où s'enraciner.

Qu'est-ce que tu fais, papa ?

Si Guillaume avait vu mon père davantage, peut-être qu'il aurait pu faire la part des choses. Les enfants sentent, surtout Guillaume. Mais le Dédé, il ne l'a vu que deux ou trois fois. Il ne connaissait comme grands-parents que le côté d'Élisabeth, le côté grands bourgeois. Il n'a pas pu accéder au monde d'où je venais, fréquenter le Dédé et la Lilette, séjourner dans la baraque à Châteauroux, or il était également fait de ce monde-là, même s'il ne le savait pas. Sa mère veillait, et moi je n'étais jamais là. Je leur téléphonais, à lui et à Julie, mais qu'est-ce qu'ils pouvaient comprendre ?

— Qu'est-ce que tu fais, papa ?

— Eh bien, là, mon agneau, je suis en train de tuer ma femme et mes enfants, et après, tu vois, je vais retourner l'arme contre moi et me faire sauter la cervelle.

Je tourne *Sept morts sur ordonnance*, de Jacques Rouffio, quand Guillaume a trois, quatre ans. Je suis le docteur Jean-Pierre Berg, et je vais tous nous tuer. Je ne sais pas ce que je lui réponds ce jour-là, que je pense à lui, que je l'aime, sûrement, mon petit, mon chéri, mais je ne peux pas lui dire de quoi ma vie est faite. Six mois plus tard, je me coupe la bite dans *La Dernière Femme*. Et puis je meurs brûlé sur un bûcher dans *Le Retour de Martin Guerre*, de Daniel Vigne, et à la fin de *Danton*, d'Andrzej Wajda, on me tranche la tête. Sans évoquer tous les films où je me fais tirer dessus, poignarder, massacrer.

J'ai vécu mille morts, et c'était chaque fois une aventure tellement profonde, tellement forte... Ils n'ont pas su, Guillaume et Julie, parce que je ne le racontais pas. Il aurait fallu que je trouve les mots pour leur expliquer que tout cela m'a sauvé du néant d'où je venais, de la grande pauvreté, de la misère intellectuelle, de l'analphabétisme, en me permettant de vivre des moments que je n'avais pas vécus à l'école – Marivaux, Musset, le romantisme, la tragédie, Corneille, Racine, Handke, l'Histoire, la Révolution française dont je ne savais presque rien avant de tourner *Danton*. Il aurait fallu que je trouve les mots, mais les mots je ne les avais pas, et même aujourd'hui, à soixante-cinq ans, j'ai beaucoup de mal à les trouver. Je sais dire les mots des autres, mais pour les miens, je suis le fils du Dédé.

De mon côté Don Quichotte contre les moulins à vent, de mon côté guerrier, de mes errances, je crois que Guillaume et Julie ne se sont jamais remis. J'ai toujours été plus ou moins en morceaux, éclaté, éparpillé, je ne suis pas où on me croit, j'ai des endroits où je me couche, des repères, des roulottes où j'aime dormir, je suis peut-être plus un animal qu'un humain, j'ai trop l'habitude de ne pas savoir où je vais pour m'installer quelque part. C'est difficile pour ceux qui m'aiment. Je les aime aussi, mais je ne sais pas le leur dire. Je reviens un peu vers eux, je bougonne un peu comme le Dédé, mais parfois ça ne leur suffit pas, alors ça va ailleurs, ça se casse, ça se dissout. Et après, je prends sur moi tous les chagrins. Mais qu'est-ce que tu veux faire ? Je suis comme ça. Tu ne peux pas changer les rayures du zèbre.

Julie n'ose pas m'en parler, mais je vois qu'elle en parle dans les journaux. Je les lis, et c'est drôle, je sens que ce qui est écrit, ce n'est pas du tout ce qu'elle a dit. C'est le contraire, les journaux n'écoutent rien. Julie dit très bien les choses. Maintenant, à son âge, je pense qu'elle comprend.

Elle est très intelligente, mais malheureusement elle a pris de moi cette chose si douloureuse de ne pas s'aimer, de ne pas se plaire. Nous sommes très proches, elle et moi, avec cette différence qu'elle a fait des études et moi pas. Elle a fait de la philosophie pour essayer de comprendre ce que j'ai trouvé, moi, dans Giono. Jeune, elle s'enfermait dans sa chambre des semaines, des mois, et elle travaillait. C'était son choix. J'en étais très fier, mais je ne me doutais pas à quel point ça pouvait être une souffrance.

Pourquoi elle a fait ça ? Je ne sais pas. Ça lui plaisait, je suppose. Peut-être parce que son frère était trop introverti, et artiste jusqu'au bout des doigts. Elle a dû avoir le besoin de trouver des explications à toute cette douleur, toute cette folie qui nous traversait tous les quatre, Guillaume, elle, Élisabeth et moi.

Quand j'ai vu Guillaume revêtir le costume de Marin Marais dans *Tous les matins du monde*, d'Alain Corneau, en 1991, je me suis dit : « Ça y est, maintenant ça va aller. » Il avait vingt ans, il avait tout connu, la drogue, la prostitution, et même la prison, comme son père, mais maintenant il allait se sauver, comme moi. Je l'ai cru. On allait jouer tous les deux le même personnage et c'était comme un signe du destin, lui Marin Marais jeune, moi Marin Marais vieux. Mais je me trompais, il n'était pas fait pour ce métier. D'ailleurs, à la fin de sa vie, il se pensait bien plus musicien que comédien. Il a détesté ce métier de comédien. Dans le jeu, il faut avoir

128

une sortie de secours, encore une fois. Il ne faut pas être au front sans arrêt, comme l'était Guillaume. Au front, tu te brûles. Il faut parvenir à demeurer spectateur de soi-même. Ce n'est pas la peine de pleurer sur un plateau, ce sont les spectateurs qui doivent pleurer. Toi, tu transmets seulement l'émotion, c'est un temps différent. Guillaume n'avait pas cette distance, il était au front, sans cesse au front. Je n'ai pas su l'avertir du danger.

L'âme à fleur de peau

Le père du petit, dans *Le Garçu*, c'est moi. C'est Maurice Pialat qui tourne un film sur sa propre paternité, avec son propre fils, Antoine, mais c'est aussi moi avec Guillaume petit. Tout de suite je l'ai su. Pialat n'aime pas les acteurs, on ne joue pas avec lui, on vit, on continue de vivre. Je crois que c'est cette part de lui-même qu'il avait reconnue en moi, une façon de payer comptant – je ne regarde pas le mode d'emploi, ni le prix ni rien, j'y vais, je pars comme ça. Pialat, il avait l'âme à fleur de peau, et tout de suite on a su qu'on venait du même endroit, lui et moi.

Le Garçu, c'est l'apparition d'un enfant dans un couple, et l'homme, devenu père, qui ne sait plus où trouver sa place. C'est sans doute ce qui m'est arrivé avec Élisabeth quand Guillaume est entré dans l'enfance. À un moment, dans le film, les parents se séparent momentanément, et

Gérard, le père que j'incarne, suit son petit garçon à la dérobée quand il entre à la garderie. C'est sûrement l'une des plus belles scènes d'amour jamais filmées. Le petit Antoine du film, c'est mon Guillaume à ce moment-là. Je vis intensément la scène, je ne la joue pas.

Un peu plus tard dans la journée, le père, croisant le petit dans la rue avec sa baby-sitter, l'embarque sur sa moto. Son geste va donner lieu à une épouvantable engueulade entre les parents – eh bien, cela aussi, je l'ai vécu.

Tiens, écoute bien, je te fais la scène :

J'aperçois mon petit bonhomme sur le trottoir avec la jeune fille, et aussitôt je viens me garer près d'eux, je l'embarque, je l'assois sur le réservoir de ma moto.

— Ça va, mon chéri ?

— Oui.

— T'as pas trop peur ?

— Non.

— T'as pas froid ?

— Non.

— Tu diras pas à ta maman que t'es monté sur la moto parce que je vais encore me faire engueuler. Tu l'diras pas, hein ?

On les suit dans les rues de Paris, c'est joyeux, il fait beau, et puis il se gare dans la cour de son immeuble, il descend le petit, tous les deux bavardent et rigolent. Mais à ce moment-là surgit la mère, Sophie (Géraldine Pailhas), que la baby-sitter a prévenue. Folle de colère :

— Tu fais plus jamais ça, hein, Gérard ! (Et au petit :) Viens, on rentre à la maison.

Alors l'enfant se jette par terre.

— Non, non...

La mère :

— Tu vois dans quel état il est maintenant ?

Le père :

— Quoi ?

— Tu m'appelles, tu me demandes, tu ne le prends pas comme ça au hasard... Regarde dans quel état il est ! Allez viens, on rentre à la maison, ça suffit maintenant !

Le père, impuissant et défait :

— Il était très content... Il était très content...

La mère emmène l'enfant, alors la concierge, Thérèse, surgit :

— Eh ben, qu'est-ce qui se passe ?

Le père :

— Rien, rien... Je l'ai amené à moto, il était très content, mais sa mère est venue me faire une scène, et maintenant voilà... Très content ! Et maintenant voilà... Allez, au revoir Thérèse.

Quelque temps plus tôt, ils sont en vacances tous les trois sur l'île Maurice. On les voit au lit, elle et lui. Sophie pleure ; lui parle au téléphone à une fille et Sophie tente de lui arracher le téléphone.

— Je vais m'en aller, dit-il après avoir raccroché.

— Eh bien, va-t'en ! Va-t'en pour de bon !

— Viens, viens...

Il parvient à l'attirer sur lui, en dépit de ses larmes et de sa colère, et ils s'embrassent.

— Pourquoi t'es aussi con ? dit-il quand elle se détache de lui. T'es vraiment d'une bêtise totale.

Elle le gifle, et puis elle crie dans ses larmes :

— Mais sors de cette chambre ! Vas-y maintenant. Arrête, je suis fatiguée...

— Si tu pouvais être fatiguée de ta connerie, ça serait vachement mieux.

Alors elle, essayant de le pousser du lit :

— Ta gueule ! Fous le camp ! Va-t'en ! T'es lourd à déplacer physiquement, tout est lourd en toi, t'es pesant, je suis fatiguée, va-t'en. Arrête d'hésiter, de revenir, va-t'en maintenant.

— Arrête, fous-moi la paix. Je partirai quand je voudrai[1].

Voilà, l'homme devenu père qui ne sait plus où trouver sa place. Cette scène-là aussi...

---

1. *Le Garçu*, film réalisé par Maurice Pialat sur un scénario de Sylvie Danton et Maurice Pialat, 1995.

Jouer, jouer... Qu'est-ce que ça veut dire jouer ? Moi, je ne sais pas. Je sais simplement que je sais me défendre dans la rue, je sais simplement que je peux être devant quelqu'un de deux fois plus grand que moi et le faire dégager de la route. Devant une caméra, c'est pareil, j'y vais. Si je savais à l'avance ce que je vais faire, je ne le ferais pas. J'y vais, je n'ai pas peur, c'est encore la vie. Dans *Loulou*, le premier film que j'ai tourné avec Pialat, en 1980, il y a une scène où je suis au lit avec Isabelle Huppert (Nelly). On est en train de faire l'amour, et soudain le sommier s'effondre. Ça n'était pas prévu, eh ben, on a continué, on a fait comme dans la vie, je me suis levé et mis à quatre pattes sous le lit pour voir ce qui s'était passé, on a rigolé, parlé, et Pialat, bien sûr, a continué de filmer. Pialat, forcément heureux de l'aubaine, tu penses bien !

Avec lui, si tu tournes une fin de repas, le bordel d'une fin de repas avec les assiettes sales, les plats, etc., eh bien, tu es obligé de bouffer toute la journée. Il va se mettre à filmer quand tout le monde aura envie de gerber. Il n'essaie pas de recréer artificiellement les choses, il les veut dans leur vérité. Le temps ne compte pas, il s'en fout.

Quand on tournait *Sous le soleil de Satan*, un jour, j'ai cru qu'il allait devenir dingue. C'était une scène de rien du tout, il voulait avoir la bonne du curé en train de balayer derrière le curé.

Il l'avait vue faire dans la vie, et il voulait filmer ça. Alors il dit à la bonne : « Madame, ça ne vous dérangerait pas de balayer quand monsieur le curé passe, juste comme vous le faites d'habitude ? » Déjà, la façon dont elle le regarde, je me dis : « Ça va être la cata. » C'était son vrai rôle dans la vie, elle était la bonne du curé et elle balayait tous les jours derrière lui parce qu'il rentrait des champs. J'entends « moteur ». C'était moi le curé, je passe, et elle reste là avec son balai, comme pétrifiée.

« Mais qu'est-ce que vous faites ? lui demande Pialat. On vous a dit de balayer... — Ah, je ne sais pas, je ne sais pas... » Elle ne savait même plus comment on maniait un balai. On a recommencé, recommencé... une torture. À la fin, tout de même, elle y est arrivée. Ça donne la mesure de la difficulté qu'on peut avoir à jouer ce que nous vivons dans le quotidien. Mais moi je n'ai jamais éprouvé cette difficulté. Qu'est-ce que j'ai en moins ? Ou en plus ? Je ne sais pas.

Dans *Sous le soleil de Satan*, je n'ai aucune difficulté à être l'abbé Donissan de Georges Bernanos, parce que j'ai été élevé là-dedans. C'est ma vie encore une fois : le spiritisme, la communion avec l'au-delà, la différence infime qui sépare la sainteté de la folie. Il y avait ça chez le curé d'Ars qui a inspiré l'abbé Donissan à Bernanos. Il y avait ça aussi chez Raspoutine que j'ai interprété plus tard.

Et encore chez Giono, ces hommes qui cheminent à travers la nature mystérieuse, à la fois somptueuse et terrifiante, et qui balancent entre sainteté et monstruosité.

Avec Pialat comme avec Duras, on est au plus près de ce tâtonnement permanent entre sublime et noirceur, beauté et laideur, et avec eux je suis au plus près de moi-même.

C'est moi qui les ai fait se rencontrer d'ailleurs. Margotton avec sa robe pied-de-poule et son col roulé, Maurice avec son humeur... Ce soir-là, j'étais avec Barbara, élégante et subtile, et Daniel Toscan du Plantier nous a rejoints, jouisseur, lèvres humides et verbe haut. C'était une tablée exceptionnelle, dans une brasserie de viande, à La Villette.

Et soudain Duras se tourne vers Pialat.

— C'est vrai ce que vous avez fait dans *La Gueule ouverte* ?

— Quoi ? Qu'est-ce que j'ai fait ?

— Que vous avez déterré votre mère et que, comme la tête n'était pas du bon côté pour la caméra, vous avez demandé à un machiniste de la tourner en lui fourrant un tournevis dans l'œil ?

— Oui, et alors ?

— Mais vous êtes un monstre !

— Ah bon, parce que vous êtes sensible à ce genre de niaiseries ?

— Bien sûr !

— Moi, j'appelle ça de la sensiblerie. Vous êtes aussi monstrueuse que moi, il suffit de vous lire pour s'en rendre compte.

Pialat avait raison, ils avaient en commun ce gène en plus qui a permis à Duras d'écrire *La Douleur* et à Pialat de tourner *Sous le soleil de Satan*. Des mots et des images pour dire l'indicible, ce que nous avons en nous mais que nous ne savons pas exprimer parce que c'est trop intense, trop inquiétant, trop destructeur peut-être. Je pense que l'un et l'autre ont vu en moi cette disponibilité pour incarner l'indicible.

Danton

Danton meurt parce qu'en perdant la voix, il perd son procès. Il n'a pas d'avocat, il défend seul sa tête et celles de ses amis, mais, à un moment, il n'est plus audible. Comment continuer d'exister quand tu n'as plus de voix ? Je connais le poids de la parole, moi qui l'ai perdue à douze ans pour ne la retrouver qu'à vingt. Je ne sais presque rien de Danton quand Wajda me propose le rôle, mais lui sait déjà combien nous nous ressemblons, tous les deux issus d'une même matière paysanne et tonitruante – lui un colosse qui marche sans trembler sur son fil parce qu'il croit en sa bonne étoile, et moi son petit frère, venu au monde deux siècles plus tard.

J'avais demandé à Jean-Claude Carrière, le scénariste, de me parler de lui, parce que peu de choses ont été écrites sur Danton. Et Jean-Claude m'a raconté cette histoire qui m'a permis d'éprouver d'un seul coup la densité du personnage :

«Danton est avocat, il a trente et un ans, il est marié à une fille de dix-sept ans. Un jour, il part pour la Belgique plaider une cause. Lorsqu'il revient, quelques semaines plus tard, il demande où est sa femme. "Au cimetière", lui répond-on. Elle est morte durant son absence. Alors Danton se rend au cimetière, il déterre sa jeune femme, il la prend dans ses bras et la porte du cimetière jusqu'à son domicile. Là, il la couche dans son lit et il s'endort auprès d'elle.»

Si Danton fut un grand révolutionnaire, c'est évidemment parce qu'il était capable de tels actes d'amour, à la fois fous, complètement irrationnels, mais sublimes. J'aime cet homme aussitôt, parce que je me retrouve en lui. C'est la Révolution, plus rien ne tient, tout peut survenir, la seule chose dont on soit certain, c'est qu'on peut être appelé à mourir d'une minute à l'autre. On ne sait pas si demain on sera encore vivant. La surprise de la vie, de nouveau. Ça, c'est mon élan profond : ne pas savoir ce qui va arriver, ce que je vais faire ou dire, mais marcher vers l'inconnu avec cet appétit pour la vie qui chaque instant me porte. Alors oui, je peux être Danton.

Si le film est réussi, c'est qu'on sent chez tous les acteurs de la Révolution – Robespierre, Camille Desmoulins, Saint-Just, Fouquier-Tinville, Danton, etc. – cette fièvre, cette frénésie propre à tous les grands séismes de l'Histoire, parce que dans ces moments-là les hommes ne dorment plus, qu'ils n'ont plus aucun repère, et que finalement les plus belles pages sont écrites par des somnambules, des mecs ivres de fatigue qui ne savent même plus où ils habitent.

La chance de Wajda, notre chance à tous, ç'a été que l'Histoire contemporaine soit venue à notre rencontre en nous précipitant dans la folie. On était en plein tournage en Pologne quand Jaruzelski a décrété la loi martiale et fait emprisonner tous les leaders de Solidarność. Il a fallu plier bagage, embarquer toute l'équipe polonaise et se replier sur la France. Tous les robespierristes étaient polonais, tous les amis de Danton, français. Ainsi la Révolution, la fièvre et le drame se sont invités dans le film malgré nous, et ce qu'on a vécu sur le moment comme une catastrophe est apparu finalement comme une sorte de cadeau du ciel.

Je me souviens du tournage de la fameuse rencontre entre Robespierre et Danton, qui va sceller le sort de Danton. C'est Robespierre qui se déplace, une nuit, pour tenter de ramener Danton à ses idées et lui éviter l'échafaud. Les éternels discours de Robespierre emmerdent profondément Danton, qui ne s'en cache pas, et durant toute l'entrevue je ne fais que boire et somnoler. Je n'ai pas trop à me forcer puisque c'est Wojciech Pszoniak qui joue Robespierre, qu'il s'adresse à moi en polonais et que je ne comprends pas un mot de ce qu'il me dit, mais pour feindre l'endormissement je pense à Mohamed Ali que j'ai rencontré un peu plus tôt aux États-Unis. Mohamed qui s'endormait deux secondes au volant de sa Rolls, que j'entendais soudain ronfler, et l'instant d'après : « Qu'est-ce que tu me disais, Gérard, j'ai perdu le fil... » Je songe à Mohamed et je pique du nez à sa façon sous le regard glacial de Pszoniak-Robespierre.

Dix minutes plus tôt, je ne savais pas comment j'allais jouer la scène, mais j'y suis. Ça émane de moi, je ne fais aucun appel à un apprentissage quelconque. La direction d'acteur, c'est du vent. Le plus souvent, tu joues la scène à ta façon, et tu entends le réalisateur : « Tu devrais faire ça, Gérard. — Je viens de le faire, abruti. Tu me le dis parce que tu l'as vu et que ça t'a touché. Tu penses que je ne l'ai pas fait exprès, alors tu me demandes de refaire ce que je viens de faire sous ton nez. — Oui, oui, alors ne change rien. — Si, je vais tout changer, parce que je ne peux pas savoir à l'avance ce qui va sortir de moi dans la nouvelle prise. Si je dois répéter ce que je viens de faire, ça ne m'intéresse plus, je m'en vais. »

Ressuscité des morts

Quand tu te retrouves sous une guillotine, place
de la Concorde, les mains attachées derrière le
dos, et qu'on te balance sur la planche, tu te dis :
« Pourvu que... » J'avais vu la lame, qui était une
vraie lame, bien aiguisée, j'avais vu les boulons qui
l'arrêteraient juste avant mon cou, mais imagine
qu'un cinglé retire les boulons au dernier moment,
ou qu'ils cassent, que la lame continue sa course...

Après Danton, j'ai été Ipu, dans *Condamné à
vie*, de Bogdan Dreyer. Ipu, c'est le nom d'un paysan roumain qui rentre de la guerre de 1914-1918
avec un trou dans la tête. Une balle lui a endom-
magé le cerveau et il est à moitié débile. Survient
la Seconde Guerre mondiale, les Allemands
occupent la Roumanie, en particulier la petite ville
où habitent Ipu et sa famille. Un jour, un soldat de
la Wehrmacht est retrouvé assassiné. Le comman-
dant exige des habitants qu'ils livrent le coupable

sous peine de fusiller tous les notables de la ville : le maire, le pasteur, le notaire, etc. Les notables sont abasourdis et, après une réflexion guidée par le désir farouche de survivre, ils ont l'idée de proposer un marché à Ipu, l'idiot du village : qu'il s'accuse du crime et, en échange de sa vie, déjà bien diminuée par son trou dans la tête, ils feront de lui un héros de la Résistance dont le nom demeurera à jamais dans toutes les mémoires.

Ipu accepte, mais il veut être sûr de ne pas perdre au change, aussi il demande à ce qu'on répète de son vivant toutes les cérémonies destinées à lui rendre hommage. « Je veux voir le monument en marbre que vous allez ériger sur la place avec mon nom gravé dessus, dit-il, je veux voir le lieu où vous allez m'enterrer et je veux entendre tous les discours que vous allez prononcer en mon honneur pendant qu'on me descendra dans la fosse... Et puis je veux en plus un terrain agricole pour ma sœur. »

Les notables consentent à toutes ses demandes et la répétition des cérémonies à sa gloire peut commencer.

C'est ainsi que j'assiste à mon enterrement, pour la première fois de ma vie. On me met en terre, dans un cimetière, dans une tombe qu'on a creusée pour moi. Et la terre est chaude. On se dit souvent : « Putain, comme ils doivent avoir froid les morts ! » Mais non, la terre est chaude. C'est une solitude très particulière de devoir mourir, d'être mis en terre, d'entendre les vivants faire son éloge depuis le fond du trou... On se dit malgré soi : « Ça sera donc comme ça quand le moment sera venu. » Pendant des jours, ensuite – mais surtout des nuits –, ce sentiment d'avoir été mis en terre m'a poursuivi, je n'ai pas pu oublier la tiédeur de la terre, son odeur de racines, me figurer enfoui à jamais dans sa profondeur, dans sa nuit...

Mais finalement, c'est la fin de la guerre, les Allemands s'en vont, Ipu n'a pas à se livrer et les notables oublient aussitôt leurs promesses. Le soir du grand bal pour célébrer la paix, Ipu se tire une balle dans la tête à l'endroit où devait être dressé le monument à sa gloire. Il est passé deux fois tout près de la mort, il a manqué à deux reprises d'être un héros, mais cette fois il ne se rate pas.

Entre la Révolution française et la Seconde Guerre mondiale, je trouve de nouveau l'opportunité de mourir – à la bataille d'Eylau cette fois-ci, en 1807, sous les habits du colonel Chabert. L'histoire de Chabert, le roman de Balzac adapté à l'écran par Yves Angelo (1994), c'est la tragédie du ressuscité magnifiquement réactualisée par le professeur Jean Bernard dans son livre *Le Syndrome du colonel Chabert, ou le Vivant mort*[1]. Chabert est donné pour mort en France car tout son régiment a été décimé et qu'on ne l'a jamais revu. En réalité, enfoui sous un monceau de cadavres, très grièvement blessé, il est parvenu à se traîner jusqu'à un hôpital de campagne de cette Prusse orientale dévastée par Napoléon. Là, on lui a donné les premiers soins avant de le convoyer d'hôpital en hôpital. Miraculeusement sauvé après dix années outre-Rhin, il resurgit à Paris en 1817, soucieux de retrouver ses biens et sa femme, Rose, une fille de joie qu'il avait sortie du ruisseau et installée dans son hôtel particulier. Seulement Rose, devenue entre-temps l'épouse du comte Ferraud, auquel elle a donné deux enfants, ne veut plus entendre parler de Chabert, d'autant moins qu'elle l'a dépouillé de toute sa fortune... Sorti de « l'hospice des enfants trouvés », promu colonel par Napoléon pour sa bravoure en Égypte, Chabert mourra finalement à « l'hospice de la vieillesse », retournant ainsi à sa misère originelle par la faute d'une femme qu'il avait secourue et aimée.

Je venais d'incarner le destin de cet homme, et j'en étais encore alourdi, en proie à des moments de vide et de profonde mélancolie, quand j'entends

---

1. Buchet/Chastel, 1994.

un homme, dont je n'avais pas remarqué la présence, dire tout haut : « C'est beau la vie ! »

C'était un soir d'été, nous nous trouvions dans la même piscine, à Quiberon.

— C'est à moi que vous dites ça ?

— Oui, parce que je vous vois triste.

— Et alors ?

— Je ne me permettrais pas si je n'étais pas un ressuscité. Mais je me suis vu mort, voyez-vous, alors je ne peux pas m'empêcher...

— C'est étrange que vous me disiez ça ce soir... Moi aussi, je me suis vu mort, figurez-vous, à Eylau, en 1807. Je viens de traverser la triste destinée du colonel Chabert... Avez-vous lu le livre de Jean Bernard, *Le Syndrome du colonel Chabert, ou le Vivant mort* ? Eh bien, c'est un peu moi...

— Si je l'ai lu ? Mais monsieur Depardieu, non seulement je l'ai lu, mais c'est avec moi qu'il l'a écrit !

— Ah bon ! Comment est-ce possible ?

— Je suis le premier greffé du foie. Je mourais lentement depuis des mois, entre ma femme et mes enfants, j'avais fait mon testament, mis mes affaires en ordre, nous comptions les semaines qu'il me restait à vivre... Imaginez-vous ce que c'est d'en arriver à compter les semaines ? Eh bien, c'était devenu ma vie, si on peut encore appeler cela vivre...

— Je devine...

— Et puis alors que je n'espérais plus rien, je tombe sur un jeune médecin qui me dit : « Vous savez, il y a peut-être une chose que l'on peut tenter, c'est la greffe... Je ne vous cache pas qu'il y a très peu de chances, mais je vous le propose. Vous me dites oui ou non, et si c'est non je le comprendrai parfaitement. — Comment pourrais-je vous dire non ? Je suis parti pour mourir. Qu'est-ce que j'ai à perdre ? » Je vous assure que quand ils m'ont endormi, je pensais ne jamais me réveiller. Mais rien que l'espoir de ce jeune médecin, son désir d'essayer, je préférais partir avec ça après deux années d'agonie.

— Et vous êtes là !

— Et je suis là, oui ! J'ai passé le temps du rejet, je me suis rétabli, je me suis vu ressuscité après m'être vu mort. C'est une expérience unique, inouïe. Du coup, ma vie s'en est trouvée complètement bouleversée, j'ai quitté ma femme, je profite de chaque minute, j'aime tout, je veux tout, je n'arrête pas de baiser... C'est en apprenant mon histoire que Jean Bernard a pris contact avec moi. Nous ne sommes pas si nombreux à être des « vivants morts ».

Chagrins d'amour

Toutes ces femmes, je les ai aimées, Élisabeth, Karine, Carole... Je n'ai jamais été piégé par une femme, je suis allé dans mes propres pièges, comme je le fais chaque fois. S'il y a une personne à laquelle j'en veux, peut-être, c'est moi, pour n'avoir jamais cru qu'une femme puisse m'aimer simplement pour ce que je suis. Je m'estime si peu, j'ai une si mauvaise image de moi que je n'ai jamais pensé qu'une femme pourrait se satisfaire de ce que je suis. Si, aujourd'hui, je le pense, aujourd'hui, on me prend tel que je suis, je m'en fous. Mais durant toutes ces années, j'ai cru que je devais courir pour plaire, courir pour gagner l'estime de l'autre, courir, courir, toujours courir, je me suis épuisé avec ça et j'ai épuisé dans le même temps les femmes qui m'ont aimé. On est toujours con, au début, quand on est amoureux, regarde Cyrano, le comte de Guiche, Christian de Neuvillette... Musset décrit cela très bien dans *Les Caprices de Marianne*, son Celio est un abruti fini. C'est un abruti parce que personne ne peut se mettre à la place d'un homme amoureux, c'est indescriptible, indicible, ça fait affreusement mal et en même temps c'est une ivresse, tu ne t'appartiens plus, regarde comme Christian est insupportablement bête dans *Cyrano*, pris dans les filets de Roxane...

L'état amoureux, c'est une folie, une attention perpétuelle à l'autre. J'ai connu ça avec Élisabeth, puis avec chacune des femmes que j'ai aimées. Tu n'en as pas conscience mais tu es sans cesse à penser à l'autre. Tu donnes, tu donnes. C'est fatigant, ça ne peut pas durer éternellement. À la moindre petite faille, tu éprouves une déception. Avec le temps, tu apprends que ces déceptions font partie du lot, que tu ne peux pas être jour et nuit dans la même intensité amoureuse. Il y a forcément des moments où tu n'entends plus, où tu ne vois plus, où tu retournes en toi. Tu entends bien qu'on te le reproche, mais tant pis, tu es fatigué. Pourtant, tu continues à donner, mais tu remarques que parfois l'autre n'est plus là pour prendre. C'est comme s'il s'était mis à marcher plus vite, un peu trop vite pour toi, alors tu essaies de suivre, tu cries, ou tu as envie de crier : « Attends-moi, merde, je suis fatigué, je ne peux pas marcher à ce rythme. » Mais l'autre ne t'entend pas et il commence à s'éloigner sérieusement. Insensiblement, la relation se déplace sur les enfants, les enfants nous distraient de la grande fatigue que nous ressentons, on les aime, on se rappelle combien on les a voulus, on se re-raconte toute l'histoire, les moments heureux... puis tu t'aperçois que les enfants aussi te lâchent. Quelque chose s'est détraqué sans que tu l'aies vu venir, à moins que tu te sois trompé depuis le début, sur l'autre, sur ce que tu voulais... Alors à ce moment-là tu commences à te dire : « Mais où est ma place dans cette histoire ? Qu'est-ce que j'ai fait ? Pourquoi est-ce que je me cogne partout ? Pourquoi tout ce que j'ai tellement aimé me fait mal ? Pourquoi je me sens mieux dehors que dedans ? » Et à la fin, tu te surprends à penser en regardant l'autre : « Ses traits ne sont plus les mêmes, à quel moment a-t-elle changé ? Ce n'est pas cette personne-là que j'ai aimée. Pourquoi est-elle devenue laide tout d'un coup ? » Elle n'est pas devenue laide, c'est simplement que tu ne l'aimes plus, que tu as tout épuisé. Et elle se fait probablement, au même instant, la même réflexion : « Pourquoi est-il devenu si lourd tout d'un coup ? Comment ai-je pu le choisir ? Je ne le reconnais plus. »

Bien sûr que j'ai souffert de chacune de mes ruptures. Ça dure longtemps, deux ans, trois ans, c'est très chiant. Et en même temps, je plains ceux qui n'ont pas connu cette souffrance-là... Souvent, tu plonges dans la dépression, et puis un jour, sur le divan, tu finis par comprendre, et tu t'entends dire, comme cela nous arrive parfois dans la rue : « Mais comment ai-je fait pour ne pas voir ça, alors que je passe ici tous les jours ? »

Ce qui peut me rendre triste, c'est de ne pas avoir été à la hauteur des espérances de ceux qui m'ont aimé, mes enfants, les femmes dont j'ai partagé la vie. Bon, ça me traverse, et puis ça passe.

Je n'ai pas souffert du divorce avec Élisabeth, elle a eu ce qu'elle voulait, ses maisons, ses appartements... Et les enfants ont eu également leurs appartements. La loi bourgeoise, quoi, c'était un peu Balzac ce divorce – qu'est-ce que je t'ai donné et qu'est-ce que tu me donnes en retour ? C'est bien, je ne regrette pas ce que j'ai fait, c'est fini maintenant.

Mais j'ai souffert de ne pas pouvoir élever Roxane. Ça oui, c'était dur, et ça le reste aujourd'hui, d'autant plus que pour Roxane j'étais devenu père, j'avais enfin appris. En même temps, je me dis que je n'aurais pas su rendre sa mère heureuse. On s'est séparés, mais Karine m'a permis de voir Roxane, de l'aimer, et Roxane est tout le temps là, elle m'appelle, elle passe, tout est facile et lumineux avec elle.

Aujourd'hui, Karine est mariée avec Vincent Pérez, et ça va très bien pour elle. Tant mieux.

J'ai failli avoir un enfant avec Carole Bouquet, mais le destin ne l'a pas voulu. Et de la même façon que j'ai eu Roxane avec Karine tandis que notre histoire s'essoufflait avec Élisabeth, j'ai eu Jean avec Hélène Bizot tandis que nous allions nous séparer avec Carole. Les deux fois, un enfant est apparu, comme pour marquer le retour à la vie.

Je suis père avec Jean, comme je le suis avec Roxane. Jean est un enfant extraordinaire, d'une grande sensibilité, d'une grande intelligence, avec un vocabulaire extraordinaire. Il me rappelle beaucoup moi enfant, le vocabulaire en moins, il voit des choses là où personne d'autre ne les voit, il entend, il perçoit, c'est une corde sensible cet enfant. Nous nous entendons très bien et c'est un plaisir magnifique de l'écouter, de pouvoir répondre à sa curiosité. Il habite avec sa mère tout près de chez moi, nous nous voyons souvent.

L'autre jour, je me réveille à 6 heures du matin et je commence à me lever tout doucement pour ne pas le réveiller. Mais à ce moment-là je m'aperçois qu'il est réveillé et me regarde depuis son lit.

— Ben qu'est-ce que tu fais, mon chéri ? T'es réveillé, tu veux te lever ?

— Non, non, je me détends, je suis bien.

Tu te détends !

C'est un phénomène, Jean. En fait de se détendre, je crois qu'il veillait sur mon sommeil, qu'il ne faisait pas de bruit pour me laisser dormir. Il a huit ans et il veille sur moi.

M'enivrer de ce que je ne sais pas

Moi, si j'ai voulu faire du vin, c'est pour que mes
enfants n'oublient pas la vie, qu'il y ait une trace,
qu'ils puissent se dire un jour : « Putain, ça, c'était
le vin de Gérard... Bientôt cent ans, tu te rends
compte ? »

Alors j'ai fait un vin exprès, qui va vieillir très
lentement. Un blanc, en 89. J'ai même commencé
avant en Bourgogne, j'ai travaillé le pinot, le pinot,
c'est de la dentelle...

Le vin, ce n'est pas l'histoire de la grand-mère,
l'histoire du grand-père ou de machin, toutes ces
histoires de famille dont on n'a rien à foutre, des
tas de cendres, des os pourris qui te pourrissent
la vie, non, le vin, c'est de la vie, de la nourriture,
de la transmission, de l'échange. Le vin, c'est un
miracle. En plus de tous les symboles – le sang du
Christ, la Cène, le partage –, le vin, c'est l'élixir
de tous les grands poètes que j'aime, Rimbaud,

Lautréamont, Edgar Poe... C'est aussi l'expression de la transmission orale, du mystère des origines, de la croyance, du dicton.

Je n'aime pas le mot «héritage», ça pue la famille, ça sent le rance et la mort, mais «transmission», oui, transmettre me plaît. Et puis reconnaître. Tu bois ce que tu as appris à reconnaître. Et en même temps chaque fois il y a une part de mystère, d'inconnu. Certains alcools peuvent vieillir jusqu'à cent cinquante ans, ce qu'il y a dans le flacon, tu vas le découvrir. Je ne dirais pas : «Qu'importe le flacon, pourvu qu'on ait l'ivresse», mais plutôt : «Donnez-moi ce flacon que je m'enivre de ce que je ne sais pas.»

Il y a quelques années, j'ai bu des vins de 1914. On avait organisé des dégustations du siècle, chaque propriétaire apportait un vin du siècle dont il racontait l'histoire et disait qui en avait fait la récolte. Dans les années 1914-1918, c'étaient des vins de femmes, des vins qui avaient été foulés par les femmes. Je me souviens d'Alfred Tesseron, de Château Pontet-Canet, à Pauillac, nous disant : «Tenez, goûtez celui-ci, c'est le vin de ma grand-mère.» Chacun racontait l'histoire d'un vin, c'était magnifique.

D'ailleurs, le plus beau livre que j'ai jamais lu, c'est le livre des négociants bordelais. La météo donnée heure par heure durant tout le siècle.

Tu regardes à ta date de naissance, moi le 27 décembre 1948, et tu vois le temps qu'il faisait à Bordeaux. La mémoire du temps, c'est hallucinant. Eh bien, le vin, c'est ça, la mémoire du temps. Je veux faire ce cadeau-là à mes enfants.

Parler aux morts

L'autre jour, pour mon dernier film, je me suis retrouvé à tourner une scène dans le cimetière de Bougival. J'ai vu la tombe de Guillaume, dans laquelle il n'est plus puisque la mère l'a pris. Il est sur sa cheminée, les cendres, avec ses lunettes posées dessus et son fauteuil à côté. Et un vieux *Libé* qui traîne là et prend la poussière. C'est comme ça que tu te fais des souvenirs de merde. Les souvenirs, il ne faut pas les accrocher en vrai, il faut les mettre dans sa tête.

C'est leur truc à Élisabeth et à Julie, c'est pas grave, je ne les juge pas. Quand je vois ça, je dis : « Salut Guillaume... » et puis c'est tout.

Combien de fois, après la mort de la Lilette et du Dédé, j'ai appelé ma sœur Hélène : « Tiens, j'ai eu la Lilette, elle m'a bien causé l'autre soir. — Mais enfin, t'es fou, elle est morte ! Dis pas ça. — Quoi ? Qu'est-ce que ça veut dire "elle est morte" ?

Elle peut me parler. C'est pas parce qu'elle est morte qu'elle ne me cause pas. » C'est vrai que je peux très bien l'imaginer avec le Dédé. Jean Carmet, mon ami Jean, c'est pareil. Barbara, c'est pareil, elle est plus vivante que jamais, je sens sa chair, son corps, ses déplacements. Pialat, Guillaume... tous ces gens qui sont partis, ils sont avec moi, dans mon quotidien. Comme à huit ans, ce que je ne connaissais pas encore, mes désirs faisaient déjà partie de mon quotidien.

Normalement, à la mort de quelqu'un de cher tu t'attends à pleurer. Moi, il se trouve que je n'ai pleuré ni à la mort de ma mère, ni à la mort de mon père, ni à celle de Jean, ni à celle de Barbara, ni à celle de Truffaut, tous ces gens que j'ai aimés. Mais j'ai pleuré à la mort de mon chat. J'étais étonné, je me suis dit que j'étais insensible. Mais non, c'est que pour moi ils ne sont pas morts. Mon chat est mort, parce qu'il ne m'a jamais parlé. Il me donnait des choses à comprendre, à entendre, et je sais que quand il était sur moi il me désangoissait, il m'enlevait mon stress. Mais il ne m'a jamais parlé, tandis que les êtres humains, ceux qui m'ont accompagné, ceux que j'ai accompagnés dans les rires, dans les problèmes, dans les gueulantes, ou encore dans les amours, ceux-là ne sont pas morts, ils sont là sans arrêt autour de moi et nous nous parlons.

Quand je le dis, les gens me répondent : «Ah oui, tu as raison», mais à aucun moment ils ne ressentent ce dont je leur parle. Je vois ça quand ils se penchent sur une tombe, ou qu'ils sont dans une prière, ou qu'ils tiennent un objet ayant appartenu à l'homme ou à la femme qu'ils ont perdu – rien que la façon dont ils entrent en eux-mêmes est fausse. Ça m'est égal, je ne suis pas là pour juger le vrai du faux. Je veux seulement essayer d'expliquer comment je ressens les choses, comment je porte en moi ceux qu'on prétend disparus.

Et je me fous de ce que les gens disent de moi : «Oui, mais lui c'est un fou, c'est un con, c'est un maniaque, et en plus il est gros, il pue...» Je les laisse dire, je sais qu'ils se trompent sur tout et qu'on est dans un monde où tout est faux.

Poutine

Aujourd'hui, je dérange sur des choses que je ne comprends pas, mais qui me montrent combien je suis différent de tous ces gens qui me jugent à longueur de journaux. J'aime la Russie, je suis l'ami de Poutine, je me sens citoyen du monde au moins autant que français et je n'ai pas le sentiment de faire de mal à qui que ce soit en m'accordant la liberté d'aller vivre où je veux et d'aimer qui je veux. Pas plus que quand je me casse la gueule tout seul à moto parce que je suis bourré – c'est mon histoire, je ne fais de mal qu'à moi-même. Alors qu'on me laisse vivre à ma façon, me lier à qui je veux, comme je le faisais à Châteauroux au temps où je n'intéressais personne.

Si nous nous sommes rencontrés, Poutine et moi, si nous nous sommes immédiatement « reconnus », c'est que nous aurions pu tous les deux finir voyous. Je pense qu'il a tout de suite aimé ça chez moi, mon côté hooligan, que je pisse dans un avion, que je balance un coup de boule à un paparazzi, qu'on me ramasse ivre mort sur un trottoir. Et moi, en le faisant parler, j'ai compris qu'il arrivait de loin, lui aussi, que comme pour moi, personne n'aurait misé trois ronds sur lui quand il avait quinze ans.

La première fois, c'était à Saint-Pétersbourg, au printemps 2008, pour l'inauguration de la collection Rostropovitch au palais Constantin. La collection privée d'art russe de Rostropovitch et de sa femme, Galina Vichnevskaïa, venait d'être rachetée par Alicher Ousmanov, un homme d'affaires, qui en avait aussitôt fait don à la Russie. Poutine ouvrait l'exposition, et moi j'étais invité. J'ai tout de suite vu qu'il ne connaissait rien à la peinture, à l'art en général, et ça m'a touché. J'ai deviné que c'était un mec qui s'était fait tout seul, et on a commencé à bavarder. Ce qu'il aime, lui, c'est l'Histoire. Il m'a fait parler de la Révolution française, de Danton, des campagnes de Napoléon, et on s'est promis de se revoir.

J'ai commencé à lui écrire. C'est très facile, je parle, il y a un type qui tape ça en français puis qui le traduit en russe, et ça arrive sur le bureau de Poutine. Je lui envoie des lettres qui racontent un peu tout, comme à un vieux pote, ça le fait marrer et il me répond. Il a été ému que je vienne lire à Salzbourg *Ivan Grozny*, de Prokofiev, en 2010, et du coup, quand je suis repassé par Moscou, il m'a raconté l'histoire de ses parents, le miracle qui a fait que sa mère a survécu durant le siège de Leningrad, et qu'il a pu venir au monde, lui, Vladimir, en 1952. Chacun à sa façon, nous sommes des miraculés, lui des bombes de la Wehrmacht, moi des aiguilles à tricoter de ma mère.

Son père travaillait à l'hôpital pendant la guerre. Un soir, il rentre chez lui, l'immeuble où ils habitaient venait d'être touché par un bombardement et des infirmiers sortaient des corps de sous les décombres. Lui se joint à eux, il cherche fébrilement sa femme, et il finit par la découvrir. Il la sort, elle respire encore. «Je l'emmène à l'hôpital, dit-il à un infirmier. — C'est inutile, répond l'autre, elle va mourir en chemin.» Mais il la porte tout de même jusqu'à l'hôpital et les médecins la sauvent.

Poutine grandit à Leningrad dans un milieu pauvre et ouvrier. Celui qui le détourne de la délinquance, c'est Anatoli Sobtchak, le futur maire de la ville (élu en 1991, l'année où Leningrad redevient Saint-Pétersbourg). Sobtchak est alors professeur de droit et Poutine me raconte comment, à son contact, il a décidé d'opter pour l'ordre et la discipline, de la même façon que beaucoup de voyous finissent flics, et font généralement de grands flics. C'est d'ailleurs le chemin qu'il suit puisqu'il entre au KGB.

J'ai lu que je suis l'ami d'un dictateur. Poutine, un dictateur. Je ne connais rien à la politique, je dis certainement pas mal de conneries, mais pour moi, un dictateur, c'est Kim Jong-un, sûrement pas Poutine. T'as vu la gueule des Pussy Riot quand elles sont sorties de prison ? On aurait dit qu'elles arrivaient d'un défilé de mode, maquillées, les joues bien rondes, les lèvres peintes... Putain, donnez-moi l'adresse de la prison, moi qui cherche un endroit où me refaire une santé !

La France

Ce n'est pas moi qui abandonne la France, ce sont les Français qui s'abandonnent. Ils ont perdu peu à peu le sens de la liberté, le goût de l'aventure, ils ont perdu l'ouïe, l'odorat, ils n'entendent plus la musique que porte le vent, comme là-bas au Kazakhstan où tu entends les jeunes filles chanter d'un village à l'autre, ils ont perdu le sens de la vie, du bonheur, ils se sont laissé gagner petit à petit par ce fléau, ce cancer – la peur –, et maintenant ils vivent dans la peur de ce qui pourrait leur arriver. Ils ont peur des étrangers, ils ont peur de leur voisin, ils ont peur du lendemain, ils ont peur de tout.

Moi, je me sens citoyen du monde, comme le Dédé. Lui qui ne savait ni lire ni écrire, il rêvait d'une langue universelle qui nous permettrait de communiquer avec tous les peuples. Il n'aimait pas les frontières, il était l'ami des Gitans, de tous les étrangers qui croisaient son chemin et il parlait l'espagnol, va savoir où il l'avait appris... L'autre qui me traite de «minable» parce que je me tire... Oui, à soixante-cinq ans, je n'ai pas envie de payer 87 % d'impôts. Mais ce n'est pas pour autant que je n'ai pas participé : j'ai donné à l'État français cent cinquante millions d'euros depuis que je travaille, alors que depuis l'école je n'ai jamais réclamé un rond à aucune administration. J'ai toujours payé mes médecins, mes chirurgiens, mes opérations, mes médicaments, je ne sais pas ce que c'est qu'une carte Vitale. L'État ne s'est pas ruiné non plus pour mon éducation, c'est le moins qu'on puisse dire. Les seuls dont j'ai usé, abusé peut-être, ce sont les gendarmes et les flics avec lesquels j'ai bien ri et beaucoup appris. Je ne me sens aucune dette à l'égard de la France, j'aime ce pays, je lui ai beaucoup donné, ça va bien, et maintenant qu'on me foute la paix.

Il s'est trouvé un député pour ajouter qu'on devrait enlever leur passeport à tous ceux qui partent, je n'ai même pas retenu le nom. Il faisait écho aux Torreton et aux autres. «Tire-toi, tire-toi vite, j'ai pensé ce jour-là, quand tu es chez les cons, tu finis par prendre la couleur des cons.» Et puis merde, aujourd'hui je ne suis plus en colère. J'ai été poussé, mais je ne suis pas tombé parce que j'ai l'habitude qu'on me pousse. C'est comme quand un chien t'attaque, j'en ai fait l'expérience.

Le type lui gueule : « Attaque, vas-y, fonce ! » Si tu n'as pas peur, tu regardes le chien arriver, et, au dernier moment, tu fais un pas de côté, tu esquives. Le chien t'a raté, il ne sait plus où il est, il est paumé cet abruti.

Soixante-cinq ans

Je chasse toutes les choses qui peuvent apparte-
nir au passé, je vis dans l'instant, dans le présent.
Le passé, c'est ce qui te fait te sentir «lourd,
pesant, ecchymosé de toi-même[1]», comme l'écrit
si bien Handke dans *Les gens déraisonnables sont
en voie de disparition*. Le passé, c'est la famille, le
rance, l'amertume, la mort – j'ai de la compassion
pour tous ces gens que je croise et qui rampent
comme des escargots, traînant leur famille sur leur
dos, leurs morts, leurs ruptures, leurs déconve-
nues, jusqu'à s'effondrer sous le poids du souvenir.
Si tu prêtes le flanc au passé, les vivants et les morts
t'assassinent, ils n'attendent que ça.

J'ai assez de ma chair pour mesurer le temps,
ma chair qui me rappelle tous les matins combien je
peine à sauter ce muret, alors que quand on me dit

---

1. Peter Handke, *op. cit.*, note 1 p. 100.

«moteur» je le saute encore facilement. Ma vie, maintenant, c'est d'éviter soigneusement de sauter le muret si on ne me dit pas «moteur» parce qu'alors je crains de me casser une patte. C'est très intéressant de voir le temps te passer dessus, ta souplesse te quitter, tu es obligé de développer une certaine patience – moi qui étais impatient devant tant de choses. Aujourd'hui, je jouis d'être patient. «Putain, je me dis, j'en ai loupé des choses avec mon impatience.» J'apprends à prendre le temps de me faire plaisir, à éprouver du plaisir dans tout ce que je fais, même si ça me prend deux fois plus de temps qu'avant.

À partir de soixante-cinq ans, tu peux toujours t'entraîner, bouffer des hormones, tout ce que tu veux, tu as ta vieille peau qui te tombe sur le muscle, tu deviens une espèce de grosse vache. Moi, j'ai des petites cannes et un gros tronc, c'est affreux. Plus ça avance, et moins j'ai confiance dans mon physique, alors que je pensais que ça allait s'arranger avec les années. Cela dit, le physique a une confiance en lui terrible parce que je peux me casser la gueule à moto et me relever entier.

Il y a une chose que je ne pouvais pas supporter avant, c'était de rester seul. Eh bien, maintenant, je le supporte parfaitement, et même je me réfugie dans la solitude. Toute ma vie j'ai couru pour plaire, pour faire en sorte qu'on puisse m'estimer afin qu'à mon tour je puisse avoir un peu de considération pour moi-même, ne serait-ce qu'un dixième de l'estime que me portaient les autres, et maintenant je m'en fous, on me prend tel que je suis ou on ne me prend pas. Si on veut me changer, je dis : « Essayez donc, je veux bien, mais vous savez, chez les natures sauvages, tout ce que vous coupez repousse aussitôt, regardez les ronciers. »

Quand j'habitais Bougival, avec Élisabeth et les enfants, il y avait un vieux dans la maison d'à côté. Sa fille l'installait dans le jardin, au soleil, et comme tous les vieux il était absolument insupportable – acariâtre, méchant, rouspéteur. La vieillesse ne fait pas de nous des gens sages, à quelques exceptions près, tel Lustiger, dont il m'arrive de relire le discours d'adieu à l'Académie française. Lustiger, quelle élégance ! Enfin donc, le vieux se retrouvait au jardin sur sa chaise longue, il croisait ses maigres guiboles dont les os sonnaient le creux comme de la porcelaine de Limoges. Guillaume venait jouer autour de lui et je l'entendais maugréer : « T'approche pas, fous-moi le camp de là... » Il avait une obsession, c'étaient ses pieds, que Guillaume accroche ses pieds et le fasse tomber. Aussi bien, il aurait pu prendre un bâton et lui taper dessus. J'ai pensé que je devais faire quelque chose pour lui et, en me cachant, j'ai commencé à siffler :

— Psssttt, pépé...

— Quoi, qu'est-ce que c'est encore ?

— Psssttt, pépé...

Il s'agitait, il essayait de voir d'où ça venait, mais ça semblait tomber du ciel, il ne comprenait pas.

Pendant plusieurs jours, j'ai recommencé le truc, toujours à la même heure.

— Psssttt, pépé...

— Hein ? Hein ? Qui m'appelle ?

Et d'un seul coup, j'ai vu le moment où il a basculé : il a commencé à se dire qu'il entendait des voix.

À l'heure dite, je l'ai vu devenir attentif, comme s'il avait un rendez-vous avec cette voix. Il guettait, il espérait.

— Psssttt, pépé...

Et maintenant il ne protestait plus, son visage se détendait quand je le sifflais.

C'était donc bien ça, on lui parlait de là-haut. Je le voyais tendre l'oreille, se mettre en position d'écouter, de répondre. « C'est bien, je me disais, il s'élève, il laisse sa rancœur, il se bonifie ce vieil aigri, il est prêt au dialogue avec le ciel. »

C'est l'âge qui avait dû le rendre mauvais, le fait de n'avoir plus rien à espérer, sauf entendre des voix, précisément, et se savoir attendu quelque part.

C'est pénible d'être vieux, j'ai compris depuis longtemps qu'il ne faut pas laisser l'âge te pourrir l'âme et le cœur, il faut t'en aller, partir vers là où tu peux encore rêver.

Russe !

Pourquoi est-ce que je me suis toujours senti russe ? Qui m'a parlé pour la première fois des *Récits d'un pèlerin russe* ? Il me semble qu'adolescent, déjà, ayant perdu la parole, je m'accrochais à ce livre ancien comme à une main tendue qui allait me sauver. Est-ce que je l'avais lu seulement ? Non, je ne crois pas, ce n'est que plus tard que je l'ai lu, mais quelqu'un m'en avait parlé et j'avais deviné son message. Le mendiant anonyme, auteur de ces *Récits*, veut répondre à l'injonction de saint Paul : « Priez sans cesse ! » Il se demande comment y parvenir et, s'arrêtant dans les monastères et les églises au fil de sa traversée de l'immense Russie, il comprend qu'il suffit pour cela de répéter à l'infini, comme un mantra, la même invocation au ciel, et par exemple : « Seigneur Jésus-Christ, aie pitié de moi. » C'est sa prière, c'est ainsi qu'il parvient à entrer dans l'injonction de saint Paul.

Parcourant les rue de Châteauroux, enfermé dans cette forme d'autisme qui m'a frappé, je marche sur les traces du pèlerin russe et, silencieusement, je me répète la même phrase, une phrase que j'ai trouvée tout seul et qui me plaît bien : « Je vous aime, j'aime la vie. » Je peux la redire des centaines de fois dans la même journée, elle rythme ma respiration, elle m'empêche de me poser des questions sur mon errance, sur cette histoire que je n'aurais pas dû naître, que je n'ai de place nulle part, et je constate qu'elle opère en moi cette sorte de miracle qu'on prête généralement à la prière : elle me réconforte, elle m'apporte une certaine paix.

Un peu plus tard, devenu adulte, j'ai récupéré la parole grâce au docteur Tomatis, mais je me trouve alors confronté à une autre « maladie » : je ne peux pas supporter d'entendre mes propres bruits. Comme Quitt, le personnage de Handke dans *Les gens déraisonnables sont en voie de disparition* qui est obsédé par ce qu'il dégage, par ce qu'il est, au point de finir par se tuer pour échapper à son être, je suis obsédé par le vacarme de mon corps : mon cœur qui cogne, mes intestins qui gargouillent, mes articulations qui craquent... Cela devient une phobie, au point que si je me retrouve seul à l'hôtel, je dois boire pour ne plus m'entendre, pour ne pas devenir fou. Je n'arrive à m'endormir qu'ivre mort. Eh bien, là, de nouveau, je découvre une façon de me sauver en plaçant mes pas dans ceux du pèlerin russe, m'astreignant à répéter ma petite prière – « Je vous aime, j'aime la vie » – inlassablement, jusqu'à ce que le sommeil m'emporte.

Puis je découvre Dostoïevski, *Les Frères Karamazov* : Alexeï, l'homme de foi ; Ivan, le matérialiste, qui se demande sur quoi construire une morale si Dieu n'existe pas ; enfin Dimitri, le bon vivant, qui balance entre vice et vertu. Je me retrouve bien dans ce mélange de spiritualité et de chair qui fait la part belle à l'extravagance, au doute, à l'alcool, à la folie. La force, la beauté et la tragédie des hommes soufflent à travers toute l'œuvre de Dostoïevski. Ces hommes-là sont issus de l'immense Russie, et je ressens pour ce pays une attirance charnelle, comme si j'en étais issu. Je suis jeune encore, je n'ai pas trente ans, mais je rêve déjà de parcourir ce pays, d'être le pèlerin qui va de monastère en église, de Saint-Pétersbourg à Vladivostok, en passant par Tachkent, Novossibirsk, Krasnoïarsk, Irkoutsk, Khabarovsk... Je ne dirais pas que j'étouffe en France, mais j'ai l'intuition que je vais entendre en Russie des vents qui ne soufflent plus chez nous depuis longtemps, des vents que j'ai tellement aimés dans *Le Chant du monde* de Giono.

Pourtant, je ne vais pas immédiatement en Russie, je me prive de Russie, et je sais bien pourquoi : je ne peux pas supporter l'idée du communisme, ces pauvres gens que l'on nous montre à la télévision faisant la queue devant les magasins. Je ne peux pas supporter qu'on puisse prétendre faire le bien d'un peuple en allant contre lui, en l'enfermant, en l'humiliant, en l'écrasant. J'ai lu Soljenitsyne, Chalamov et beaucoup d'autres, et Staline, Khrouchtchev, Brejnev, tous ces vieux dictateurs bardés de décorations, le cul sur leurs goulags, me détournent de la Russie de Tolstoï et de Dostoïevski.

C'est Vladimir Poutine qui m'en ouvre les portes. Aujourd'hui, enfin, je peux être russe et parcourir librement la Russie. L'immense et mystérieuse Russie. Il y a dans ce pays une spiritualité qui vient de l'espace. À Saransk où j'habite, sept cents kilomètres à l'est de Moscou, il m'arrive de m'arrêter dans la rue ou au bord d'un champ, simplement pour écouter chanter les femmes. « Tiens, écoute bien », je me dis. C'est une région où les femmes chantent et, si je me place dans le vent, je peux rester là, saisi par la même émotion que je ressentais enfant quand je regardais ma petite blonde pardessus le mur.

Et puis il y a cet endroit absolument sublime, tout près de Baïkonour, en plein désert, où j'aurais aimé emmener le docteur Tomatis parce qu'on y entend le chant du monde à des centaines de kilomètres.

Ce n'est pas pour rien que les Russes ont installé ici leur Centre spatial, la couche atmosphérique y est facile à transpercer et cela nous donne, à nous les hommes, une audition exceptionnelle. Il y a bien longtemps de ça, un berger passant par là a prétendu qu'ici se tenait le point qui le reliait au cosmos. Pour tombeau, on lui a construit une pyramide en forme de kobyz, cet instrument de musique à cordes que l'on retrouve chez tous les peuples nomades de cette région du monde. Suivant le sens du vent, le tombeau du berger joue une musique différente, et chacune te précipite dans une émotion intense – tu ne vois personne, l'horizon est complètement ouvert, et cependant, comme enroulés dans cette musique, tu entends des enfants rire, un âne braire, des femmes chanter de nouveau...

Je suis un petit Français, né à Châteauroux, comment expliquer que je me sente bien plus à ma place sur ce plateau sublime et perdu du Kazakhstan que dans le quartier de l'Omelon ? Je me dis que ç'a été ma chance de ne recevoir aucune éducation, d'avoir été laissé libre et en jachère durant toute mon enfance, car ainsi je dispose d'une écoute universelle, je suis curieux de tout, et tout m'élève, tout me semble beau, miraculeux même, car personne n'a jamais encombré mon esprit du moindre préjugé.

Films, cuisines et petits veaux...

Les conneries qu'ils peuvent écrire... «L'acteur devient homme d'affaires.» Je suis le contraire d'un homme d'affaires. Un homme d'affaires, il va calculer, il va faire son business plan, chercher à s'en mettre plein les fouilles et à te baiser la gueule au passage, moi rien du tout, j'ai une idée et je la donne. Avec l'horloger Quinting, par exemple, on a fait les montres pour la paix. On a eu l'idée des colombes qui se rencontrent durant une minute toutes les douze heures – une minute pour la paix dans le monde. J'ai eu l'idée d'offrir cette montre à tous les Prix Nobel de la paix, on a organisé l'événement et ça a bien fonctionné. Mais je n'en ai pas fait une affaire, je lui ai donné l'idée. Et j'ai offert la montre à Poutine.

Je fais beaucoup ça partout où je vais, je dessine le truc grossièrement, je dis au type : «Et maintenant, fais ci et ça, à mon avis ça doit marcher.»

J'ai dessiné des cuisines pour une marque russe, ils ont des architectes, tout ce qu'il faut, mais moi je leur donne des idées. Comme ils n'ont pas trop d'espace dans les appartements, là-bas, j'ai inventé des cuisines sur roulettes, des meubles sur rails, de façon à ce que tu puisses tout déplacer, tout moduler. J'ai toujours aimé vivre dans des endroits où les choses bougent, ça te donne d'autres perspectives, ça te fait bouger aussi la tête. J'adore ça, donner l'idée, la dessiner, et puis après ça démerde-toi. Ces cuisines, elles vont de vingt mille euros tout compris jusqu'à cent mille euros. Dans des bois sublimes. Ils en fabriquent jusqu'à trois mille par jour. Et maintenant je dessine des salles de bains.

« L'acteur », qu'ils disent. Je ne suis pas seulement acteur, je suis vivant. Il se trouve que j'ai une facilité pour jouer, mais j'ai dix mille autres facilités parce que je m'intéresse à tout.

D'ailleurs moi, aujourd'hui, pour faire un film, il faut au moins que je me trouve trois bonnes raisons. Sinon je me dis : « Fais chier », parce que j'aime pas trop travailler. Pareil pour la publicité. Je regarde un peu ce qu'il y a dedans. Si c'est l'Italie, ça va, parce que l'Italie est un pays que j'aime, là-bas ils savent encore travailler la terre. Si c'est pour la bouffe en Italie, c'est encore mieux. Je dis oui, les pâtes, les tomates, tout ça j'aime bien... Si on me demande dans les banques, je vais plutôt aller vers le Crédit Agricole parce que c'est la banque qui soutient les paysans.

Partout où je vais, j'adore visiter les grandes surfaces, les grands supermarchés, voir d'où vient la cuisine, comment c'est congelé, regarder les légumes, me renseigner... Ça me donne des idées, je dis : « On devrait plutôt faire ça et je suis sûr que ça marcherait beaucoup mieux », et ce sont les autres qui me retiennent : « Non, non, Gérard, ils vont te faire marron, te lance pas là-dedans. » Mais qu'est-ce que j'en ai à foutre ? Souvent je le fais, juste pour voir.

Moi, ce que j'aime le plus, c'est parler avec les gens sur les marchés, dans les halles où arrivent tous les légumes, les poissons, les viandes... Je traîne aux halles de Tokyo, de Pékin, de Saint-Pétersbourg, de Moscou... Puis, en roulant dans la campagne, je m'arrête pour parler avec les agriculteurs. Ah ça, j'adore ! Quand tu vas dans une ferme là-bas, c'est pas comme dans toutes ces putains de laiteries françaises où tu dois enfiler des bottes en plastique et te mettre une serpillière sur la tête... Les normes européennes... va chier ! L'Europe qui te dit : « Le veau, il ne faut pas le museler, il ne faut pas faire de mal aux animaux. » Alors c'est simple, tu n'as plus de veau de lait. Ton petit veau, s'il n'est pas muselé, l'herbe qu'il bouffe elle passe dans le sang et c'est râpé. Moi je dis que non seulement il faut le museler, mais lui donner des œufs, alors là tu as une viande nacrée, magnifique !

Homme d'affaires... ils me font bien rire.

Dédaigne le malheur,
apaise le conflit de ton rire

L'héritage, toutes ces conneries, je n'en ai rien à faire. Tant que je suis vivant, je vis, je craque mon pognon. Vivre, c'est la seule chose qui importe. Je suis issu du Dédé et de la Lilette, je ne vais pas faire des économies ou, comme dans les familles bourgeoises, commencer à compter la part de chacun...

Tiens, écoute bien, en fait d'héritage, c'est ça que je veux laisser à chacun de mes enfants : Louise, la fille de Guillaume, Julie et ses deux petits, Alfred et Billy, Roxane, Jean. C'est ça que je veux dire à chacun. Ça parle de liberté, d'ouverture au monde, de légèreté, et c'est encore de mon ami Handke, mon cher Handke :

« Joue le jeu. Menace le travail encore plus. Ne sois pas le personnage principal. Cherche la confrontation. Mais n'aie pas d'intention. Évite les arrière-pensées. Ne tais rien. Sois doux et fort. Sois malin, interviens et méprise la victoire.

« N'observe pas, n'examine pas, mais reste prêt pour les signes, vigilant. Sois ébranlable. Montre tes yeux, entraîne les autres dans ce qui est profond, prends soin de l'espace et considère chacun dans son image. Ne décide qu'enthousiasmé. Échoue avec tranquillité. Surtout aie du temps et fais des détours. Laisse-toi distraire. Mets-toi pour ainsi dire en congé. Ne néglige la voix d'aucun arbre, d'aucune eau. Entre où tu as envie et accorde-toi le soleil. Oublie ta famille, donne des forces aux inconnus, penche-toi sur les détails, pars où il n'y a personne, fous-toi du drame du destin, dédaigne le malheur, apaise le conflit de ton rire. Mets-toi dans tes couleurs, sois dans ton droit, et que le bruit des feuilles devienne doux. Passe par les villages, je te suis[1]. »

Et puis tu boiras mon vin, mon chéri, mon amour, et en le buvant tu te rappelleras mon rire. Mon gros rire de paysan, hein ? Et combien j'ai aimé la vie.

Va, jouis de chaque instant, sois heureux surtout.

---

1. Peter Handke, *op. cit.*, note 2 p. 100.

Table

Le Livre de Poche s'engage pour
l'environnement en réduisant
l'empreinte carbone de ses livres.
Celle de cet exemplaire est de :
450 g éq. CO_2
Rendez-vous sur
www.livredepoche-durable.fr

Composition réalisée par INOVCOM

Achevé d'imprimer en janvier 2016 en Espagne par
CPI
Dépôt légal 1ʳᵉ publication : mars 2016
LIBRAIRIE GÉNÉRALE FRANÇAISE
31, rue de Fleurus – 75278 Paris Cedex 06

20/7798/8